Synopse zum
Gesetz zur Reform des Vormundschafts- und Betreuungsrechts

BGB, EGBGB (Auszug) aF/nF

Beilage zu
Schönfelder
Deutsche Gesetze

184. Ergänzungslieferung

W0351883

Vorbemerkung

Das Gesetz zur Reform des Vormundschafts- und Betreuungsrechts v. 4.5.2021 (BGBl. I S. 882) modernisiert sowohl das Vormundschafts- als auch das Betreuungsrecht grundlegend. Die umfassenden Änderungen im Bürgerlichen Gesetzbuch und anderen Vorschriften treten **am 1. Januar 2023** in Kraft.

In der nachfolgenden Synopse gibt jeweils die linke Spalte den derzeitigen Rechtsstand (Verkündungsstand 20.5.2021), die rechte Spalte die nach dem Gesetz zur Reform des Vormundschafts- und Betreuungsrechts ab 1.1.2023 geltende Fassung des BGB und des EGBGB wieder. Änderungen gegenüber der alten Rechtslage sind in der rechten Spalte jeweils durch Fettdruck hervorgehoben. Sowohl die linke wie auch die rechte Spalte geben die Vorschriften in der Reihenfolge der Paragraphenzählung wieder; Hinweise in der rechten Spalte zeigen auf, wo sich der Regelungsgehalt der alten Rechtslage in den künftig geltenden Vorschriften wiederfindet.

1. Bürgerliches Gesetzbuch

in der Fassung der Bekanntmachung vom 2. Januar 2002
(BGBl. I S. 42, ber. S. 2909 und 2003 I S. 738)

BGB Stand 20.5.2021:	BGB ab 1.1.2023:
zuletzt geänd. durch Art. 4 Abs. 6 G zur Verbesserung des Schutzes von Gerichtsvollziehern vor Gewalt sowie zur Änd. weiterer zwangsvollstreckungsrechtlicher Vorschriften und zur Änd. des InfektionsschutzG v. 7.5.2021 (BGBl. I S. 850)	zuletzt geänd. durch Art. 1 G zur Reform des Vormundschafts- und Betreuungsrechts vom 4.5.2021 (BGBl. I S. 882)

Buch 1. Allgemeiner Teil

Abschnitt 7. Sicherheitsleistung

BGB Stand 20.5.2021:	BGB ab 1.1.2023:
§ 234 Geeignete Wertpapiere	**§ 234 Geeignete Wertpapiere**
(1) [1] Wertpapiere sind zur Sicherheitsleistung nur geeignet, wenn sie auf den Inhaber lauten, einen Kurswert haben und einer Gattung angehören, in der Mündelgeld angelegt werden darf. [2] Den Inhaberpapieren stehen Orderpapiere gleich, die mit Blankoindossament versehen sind.	**(1) Zur Sicherheitsleistung geeignete Wertpapiere sind Inhaberpapiere und Orderpapiere, die mit Blankoindossament versehen sind, wenn sie einen Kurswert haben und zu einer in der Rechtsverordnung nach § 240a aufgeführten Gattung gehören.**
(2) Mit den Wertpapieren sind die Zins-, Renten-, Gewinnanteil- und Erneuerungsscheine zu hinterlegen.	(2) Mit den Wertpapieren sind die Zins-, Renten-, Gewinnanteil- und Erneuerungsscheine zu hinterlegen.
(3) Mit Wertpapieren kann Sicherheit nur in Höhe von drei Vierteln des Kurswerts geleistet werden.	(3) Mit Wertpapieren kann Sicherheit nur in Höhe von drei Vierteln des Kurswerts geleistet werden.
§ 238 Hypotheken, Grund- und Rentenschulden	**§ 238 Hypotheken, Grund- und Rentenschulden**
(1) Eine Hypothekenforderung, eine Grundschuld oder eine Rentenschuld ist zur Sicherheitsleistung nur geeignet, wenn sie den Voraussetzungen entspricht, unter denen am Orte der Sicherheitsleistung Mündelgeld in Hypothekenforderungen, Grundschulden oder Rentenschulden angelegt werden darf.	(1) Eine Hypothekenforderung, eine Grundschuld oder eine Rentenschuld ist zur Sicherheitsleistung nur geeignet, **wenn sie den in der Rechtsverordnung nach § 240a festgelegten Voraussetzungen entspricht**.
(2) Eine Forderung, für die eine Sicherungshypothek besteht, ist zur Sicherheitsleistung nicht geeignet.	(2) Eine Forderung, für die eine Sicherungshypothek besteht, ist zur Sicherheitsleistung nicht geeignet.
	§ 240a Verordnungsermächtigung
	(1) Das Bundesministerium der Justiz und für Verbraucherschutz wird ermächtigt, durch Rechtsverordnung, die nicht der Zustimmung des Bundesrates bedarf, Folgendes festzulegen: **1. Gattungen von Inhaberpapieren und Orderpapieren nach § 234 Absatz 1, die zur Sicherheitsleistung geeignet sind und die Voraussetzungen, unter denen Hypothekenforderungen, Grundschulden und Rentenschulden zur Sicherheitsleistung geeignet sind, sowie** **2. die Voraussetzungen für Anlagen nach den §§ 1079, 1288 Absatz 1 und 2119.**
	(2) Die Festlegungen nach Absatz 1 Nummer 1 müssen gewährleisten, dass der Gläubiger bei Unvermögen des Schuldners oder wenn der Schuldner aus anderen Gründen

BGB Stand 20.5.2021:	*BGB ab 1.1.2023:*
	nicht zur Leistung bereit ist, die Schuld durch Verwertung der hinterlegten Wertpapiere, der Hypothekenforderung oder der Grund- und Rentenschulden begleichen kann.

Buch 2. Recht der Schuldverhältnisse

Abschnitt 8. Einzelne Schuldverhältnisse

Titel 8. Dienstvertrag und ähnliche Verträge

Untertitel 2. Behandlungsvertrag

§ 630d Einwilligung	**§ 630d Einwilligung**
(1) [1]Vor Durchführung einer medizinischen Maßnahme, insbesondere eines Eingriffs in den Körper oder die Gesundheit, ist der Behandelnde verpflichtet, die Einwilligung des Patienten einzuholen. [2]Ist der Patient einwilligungsunfähig, ist die Einwilligung eines hierzu Berechtigten einzuholen, soweit nicht eine Patientenverfügung nach § 1901a Absatz 1 Satz 1 die Maßnahme gestattet oder untersagt. [3]Weitergehende Anforderungen an die Einwilligung aus anderen Vorschriften bleiben unberührt. [4]Kann eine Einwilligung für eine unaufschiebbare Maßnahme nicht rechtzeitig eingeholt werden, darf sie ohne Einwilligung durchgeführt werden, wenn sie dem mutmaßlichen Willen des Patienten entspricht.	(1) [1]Vor Durchführung einer medizinischen Maßnahme, insbesondere eines Eingriffs in den Körper oder die Gesundheit, ist der Behandelnde verpflichtet, die Einwilligung des Patienten einzuholen. [2]Ist der Patient einwilligungsunfähig, ist die Einwilligung eines hierzu Berechtigten einzuholen, soweit nicht eine Patientenverfügung nach **§ 1827** Absatz 1 Satz 1 die Maßnahme gestattet oder untersagt. [3]Weitergehende Anforderungen an die Einwilligung aus anderen Vorschriften bleiben unberührt. [4]Kann eine Einwilligung für eine unaufschiebbare Maßnahme nicht rechtzeitig eingeholt werden, darf sie ohne Einwilligung durchgeführt werden, wenn sie dem mutmaßlichen Willen des Patienten entspricht.
(2) Die Wirksamkeit der Einwilligung setzt voraus, dass der Patient oder im Fall des Absatzes 1 Satz 2 der zur Einwilligung Berechtigte vor der Einwilligung nach Maßgabe von § 630e Absatz 1 bis 4 aufgeklärt worden ist.	(2) Die Wirksamkeit der Einwilligung setzt voraus, dass der Patient oder im Fall des Absatzes 1 Satz 2 der zur Einwilligung Berechtigte vor der Einwilligung nach Maßgabe von § 630e Absatz 1 bis 4 aufgeklärt worden ist.
(3) Die Einwilligung kann jederzeit und ohne Angabe von Gründen formlos widerrufen werden.	(3) Die Einwilligung kann jederzeit und ohne Angabe von Gründen formlos widerrufen werden.

Buch 3. Sachenrecht

Abschnitt 4. Dienstbarkeiten

Titel 2. Nießbrauch

Untertitel 2. Nießbrauch an Rechten

§ 1079 Anlegung des Kapitals	**§ 1079 Anlegung des Kapitals**
[1]Der Nießbraucher und der Gläubiger sind einander verpflichtet, dazu mitzuwirken, dass das eingezogene Kapital nach den für die Anlegung von Mündelgeld geltenden Vorschriften verzinslich angelegt und gleichzeitig dem Nießbraucher der Nießbrauch bestellt wird. [2]Die Art der Anlegung bestimmt der Nießbraucher.	[1]Der Nießbraucher und der Gläubiger sind einander verpflichtet, dazu mitzuwirken, dass das eingezogene Kapital **der Rechtsverordnung nach § 240a entsprechend** angelegt und gleichzeitig dem Nießbraucher der Nießbrauch bestellt wird. [2]Die Art der Anlegung bestimmt der Nießbraucher.

Abschnitt 8. Pfandrecht an beweglichen Sachen und an Rechten

Titel 2. Pfandrecht an Rechten

§ 1288 Anlegung des Kapitals	**§ 1288 Anlegung des Kapitals**
(1) [1]Wird eine Geldforderung in Gemäßheit des § 1281 eingezogen, so sind der Pfandgläubiger und der Gläubiger einander verpflichtet, dazu mitzuwirken, dass der eingezogene Betrag, soweit es ohne Beeinträchtigung des Interesses des Pfandgläubigers tunlich ist, nach den für die Anlegung von Mündelgeld geltenden Vorschriften verzinslich angelegt und gleichzeitig dem Pfandgläubiger das	(1) [1]Wird eine Geldforderung in Gemäßheit des § 1281 eingezogen, so sind der Pfandgläubiger und der Gläubiger einander verpflichtet, dazu mitzuwirken, dass der eingezogene Betrag, soweit es ohne Beeinträchtigung des Interesses des Pfandgläubigers tunlich ist, **der Rechtsverordnung nach § 240a entsprechend** angelegt und gleichzeitig dem Pfandgläubiger das Pfandrecht bestellt

BGB Stand 20.5.2021:	***BGB ab 1.1.2023:***
Pfandrecht bestellt wird. [2]Die Art der Anlegung bestimmt der Gläubiger.	wird. [2]Die Art der Anlegung bestimmt der Gläubiger.
(2) Erfolgt die Einziehung in Gemäßheit des § 1282, so gilt die Forderung des Pfandgläubigers, soweit ihm der eingezogene Betrag zu seiner Befriedigung gebührt, als von dem Gläubiger berichtigt.	(2) Erfolgt die Einziehung in Gemäßheit des § 1282, so gilt die Forderung des Pfandgläubigers, soweit ihm der eingezogene Betrag zu seiner Befriedigung gebührt, als von dem Gläubiger berichtigt.

Buch 4. Familienrecht

Abschnitt 1. Bürgerliche Ehe

Titel 5. Wirkungen der Ehe im Allgemeinen

BGB Stand 20.5.2021	BGB ab 1.1.2023
§ 1358 (weggefallen)	**§ 1358 Gegenseitige Vertretung von Ehegatten in Angelegenheiten der Gesundheitssorge**

(1) Kann ein Ehegatte aufgrund von Bewusstlosigkeit oder Krankheit seine Angelegenheiten der Gesundheitssorge rechtlich nicht besorgen (vertretener Ehegatte), ist der andere Ehegatte (vertretender Ehegatte) berechtigt, für den vertretenen Ehegatten

1. in Untersuchungen des Gesundheitszustandes, Heilbehandlungen oder ärztliche Eingriffe einzuwilligen oder sie zu untersagen sowie ärztliche Aufklärungen entgegenzunehmen,
2. Behandlungsverträge, Krankenhausverträge oder Verträge über eilige Maßnahmen der Rehabilitation und der Pflege abzuschließen und durchzusetzen,
3. über Maßnahmen nach § 1831 Absatz 4 zu entscheiden, sofern die Dauer der Maßnahme im Einzelfall sechs Wochen nicht überschreitet, und
4. Ansprüche, die dem vertretenen Ehegatten aus Anlass der Erkrankung gegenüber Dritten zustehen, geltend zu machen und an die Leistungserbringer aus den Verträgen nach Nummer 2 abzutreten oder Zahlung an diese zu verlangen.

(2) [1]Unter den Voraussetzungen des Absatzes 1 und hinsichtlich der in Absatz 1 Nummer 1 bis 4 genannten Angelegenheiten sind behandelnde Ärzte gegenüber dem vertretenden Ehegatten von ihrer Schweigepflicht entbunden. [2]Dieser darf die diese Angelegenheiten betreffenden Krankenunterlagen einsehen und ihre Weitergabe an Dritte bewilligen.

(3) Die Berechtigungen nach den Absätzen 1 und 2 bestehen nicht, wenn

1. die Ehegatten getrennt leben,
2. dem vertretenden Ehegatten oder dem behandelnden Arzt bekannt ist, dass der vertretene Ehegatte
   a) eine Vertretung durch ihn in den in Absatz 1 Nummer 1 bis 4 genannten Angelegenheiten ablehnt oder
   b) jemanden zur Wahrnehmung seiner Angelegenheiten bevollmächtigt hat, soweit diese Vollmacht die in Absatz 1 Num-

BGB Stand 20.5.2021:	***BGB ab 1.1.2023:***

mer 1 bis 4 bezeichneten Angelegenheiten umfasst,

3. für den vertretenen Ehegatten ein Betreuer bestellt ist, soweit dessen Aufgabenkreis die in Absatz 1 Nummer 1 bis 4 bezeichneten Angelegenheiten umfasst, oder

4. die Voraussetzungen des Absatzes 1 nicht mehr vorliegen oder mehr als sechs Monate seit dem durch den Arzt nach Absatz 4 Satz 1 Nummer 1 festgestellten Zeitpunkt vergangen sind.

(4) [1]Der Arzt, gegenüber dem das Vertretungsrecht ausgeübt wird, hat

1. das Vorliegen der Voraussetzungen des Absatzes 1 und den Zeitpunkt, zu dem diese spätestens eingetreten sind, schriftlich zu bestätigen,

2. dem vertretenden Ehegatten die Bestätigung nach Nummer 1 mit einer schriftlichen Erklärung über das Vorliegen der Voraussetzungen des Absatzes 1 und das Nichtvorliegen der Ausschlussgründe des Absatzes 3 vorzulegen und

3. sich von dem vertretenden Ehegatten schriftlich versichern zu lassen, dass

   a) das Vertretungsrecht wegen der Bewusstlosigkeit oder Krankheit, aufgrund derer der Ehegatte seine Angelegenheiten der Gesundheitssorge rechtlich nicht besorgen kann, bisher nicht ausgeübt wurde und

   b) kein Ausschlussgrund des Absatzes 3 vorliegt.

[2]Das Dokument mit der Bestätigung nach Satz 1 Nummer 1 und der Versicherung nach Satz 1 Nummer 3 ist dem vertretenden Ehegatten für die weitere Ausübung des Vertretungsrechts auszuhändigen.

(5) Das Vertretungsrecht darf ab der Bestellung eines Betreuers, dessen Aufgabenkreis die in Absatz 1 Nummer 1 bis 4 bezeichneten Angelegenheiten umfasst, nicht mehr ausgeübt werden.

(6) § 1821 Absatz 2 bis 4, § 1827 Absatz 1 bis 3, § 1828 Absatz 1 und 2, § 1829 Absatz 1 bis 4 sowie § 1831 Absatz 4 in Verbindung mit Absatz 2 gelten entsprechend.

Titel 6. Eheliches Güterrecht

Untertitel 2. Vertragliches Güterrecht

Kapitel 3. Gütergemeinschaft

Unterkapitel 2. Verwaltung des Gesamtguts durch einen Ehegatten

BGB Stand 20.5.2021	BGB ab 1.1.2023
§ 1436 Verwalter unter Betreuung	**§ 1436 Verwaltung durch einen Betreuer**
[1]Fällt die Verwaltung des Gesamtguts in den Aufgabenkreis des Betreuers eines Ehegatten, so hat der Betreuer diesen in den Rechten und Pflichten zu vertreten, die sich aus der Verwaltung des Gesamtguts ergeben. [2]Dies gilt auch dann,	[1]Fällt die Verwaltung des Gesamtguts in den Aufgabenkreis des Betreuers eines Ehegatten, so hat der Betreuer diesen in den Rechten und Pflichten zu vertreten, die sich aus der Verwaltung des Gesamtguts ergeben. [2]Dies gilt auch dann,

BGB Stand 20.5.2021:	*BGB ab 1.1.2023:*
wenn der andere Ehegatte zum Betreuer bestellt ist.	wenn der andere Ehegatte zum Betreuer bestellt ist.

Abschnitt 2. Verwandtschaft

Titel 2. Abstammung

BGB Stand 20.5.2021	BGB ab 1.1.2023
§ 1596 Anerkennung und Zustimmung bei fehlender oder beschränkter Geschäftsfähigkeit	**§ 1596 Anerkennung und Zustimmung bei fehlender oder beschränkter Geschäftsfähigkeit**
(1) [1]Wer in der Geschäftsfähigkeit beschränkt ist, kann nur selbst anerkennen. [2]Die Zustimmung des gesetzlichen Vertreters ist erforderlich. [3]Für einen Geschäftsunfähigen kann der gesetzliche Vertreter mit Genehmigung des Familiengerichts anerkennen; ist der gesetzliche Vertreter ein Betreuer, ist die Genehmigung des Betreuungsgerichts erforderlich. [4]Für die Zustimmung der Mutter gelten die Sätze 1 bis 3 entsprechend.	(1) [1]Wer in der Geschäftsfähigkeit beschränkt ist, kann nur selbst anerkennen. [2]Die Zustimmung des gesetzlichen Vertreters ist erforderlich. [3]Für einen Geschäftsunfähigen kann der gesetzliche Vertreter mit Genehmigung des Familiengerichts anerkennen; ist der gesetzliche Vertreter ein Betreuer, ist die Genehmigung des Betreuungsgerichts erforderlich. [4]Für die Zustimmung der Mutter gelten die Sätze 1 bis 3 entsprechend.
(2) [1]Für ein Kind, das geschäftsunfähig oder noch nicht 14 Jahre alt ist, kann nur der gesetzliche Vertreter der Anerkennung zustimmen. [2]Im Übrigen kann ein Kind, das in der Geschäftsfähigkeit beschränkt ist, nur selbst zustimmen; es bedarf hierzu der Zustimmung des gesetzlichen Vertreters.	(2) [1]Für ein Kind, das geschäftsunfähig oder noch nicht 14 Jahre alt ist, kann nur der gesetzliche Vertreter der Anerkennung zustimmen. [2]Im Übrigen kann ein Kind, das in der Geschäftsfähigkeit beschränkt ist, nur selbst zustimmen; es bedarf hierzu der Zustimmung des gesetzlichen Vertreters.
(3) Ein geschäftsfähiger Betreuter kann nur selbst anerkennen oder zustimmen; § 1903 bleibt unberührt.	(3) Ein geschäftsfähiger Betreuter kann nur selbst anerkennen oder zustimmen; **§ 1825** bleibt unberührt.
(4) Anerkennung und Zustimmung können nicht durch einen Bevollmächtigten erklärt werden.	(4) Anerkennung und Zustimmung können nicht durch einen Bevollmächtigten erklärt werden.

Titel 2. Abstammung

BGB Stand 20.5.2021	BGB ab 1.1.2023
§ 1626d Form; Mitteilungspflicht	**§ 1626d Form; Mitteilungspflicht**
(1) Sorgeerklärungen und Zustimmungen müssen öffentlich beurkundet werden.	(1) Sorgeerklärungen und Zustimmungen müssen öffentlich beurkundet werden.
(2) Die beurkundende Stelle teilt die Abgabe von Sorgeerklärungen und Zustimmungen unter Angabe des Geburtsdatums und des Geburtsorts des Kindes sowie des Namens, den das Kind zur Zeit der Beurkundung seiner Geburt geführt hat, dem nach § 87c Abs. 6 Satz 2 des Achten Buches Sozialgesetzbuch zuständigen Jugendamt zu den in § 58a des Achten Buches Sozialgesetzbuch genannten Zwecken unverzüglich mit.	(2) Die beurkundende Stelle teilt die Abgabe von Sorgeerklärungen und Zustimmungen unter Angabe des Geburtsdatums und des Geburtsorts des Kindes sowie des Namens, den das Kind zur Zeit der Beurkundung seiner Geburt geführt hat, dem nach § 87c Abs. 6 Satz 2 des Achten Buches Sozialgesetzbuch zuständigen Jugendamt zu den in **§ 58** des Achten Buches Sozialgesetzbuch genannten Zwecken unverzüglich mit.
§ 1629 Vertretung des Kindes	**§ 1629 Vertretung des Kindes**
(1) [1]Die elterliche Sorge umfasst die Vertretung des Kindes. [2]Die Eltern vertreten das Kind gemeinschaftlich; ist eine Willenserklärung gegenüber dem Kind abzugeben, so genügt die Abgabe gegenüber einem Elternteil. [3]Ein Elternteil vertritt das Kind allein, soweit er die elterliche Sorge allein ausübt oder ihm die Entscheidung nach § 1628 übertragen ist. [4]Bei Gefahr im Verzug ist jeder Elternteil dazu berechtigt, alle Rechtshandlungen vorzunehmen, die zum Wohl des Kindes notwendig sind; der andere Elternteil ist unverzüglich zu unterrichten.	(1) [1]Die elterliche Sorge umfasst die Vertretung des Kindes. [2]Die Eltern vertreten das Kind gemeinschaftlich; ist eine Willenserklärung gegenüber dem Kind abzugeben, so genügt die Abgabe gegenüber einem Elternteil. [3]Ein Elternteil vertritt das Kind allein, soweit er die elterliche Sorge allein ausübt oder ihm die Entscheidung nach § 1628 übertragen ist. [4]Bei Gefahr im Verzug ist jeder Elternteil dazu berechtigt, alle Rechtshandlungen vorzunehmen, die zum Wohl des Kindes notwendig sind; der andere Elternteil ist unverzüglich zu unterrichten.

BGB Stand 20.5.2021:

(2) [1]Der Vater und die Mutter können das Kind insoweit nicht vertreten, als nach § 1795 ein Vormund von der Vertretung des Kindes ausgeschlossen ist. [2]Steht die elterliche Sorge für ein Kind den Eltern gemeinsam zu, so kann der Elternteil, in dessen Obhut sich das Kind befindet, Unterhaltsansprüche des Kindes gegen den anderen Elternteil geltend machen. [3]Das Familiengericht kann dem Vater und der Mutter nach § 1796 die Vertretung entziehen; dies gilt nicht für die Feststellung der Vaterschaft.

(2a) Der Vater und die Mutter können das Kind in einem gerichtlichen Verfahren nach § 1598a Abs. 2 nicht vertreten.

(3) [1]Sind die Eltern des Kindes miteinander verheiratet oder besteht zwischen ihnen eine Lebenspartnerschaft, so kann ein Elternteil Unterhaltsansprüche des Kindes gegen den anderen Elternteil nur im eigenen Namen geltend machen, solange

1. die Eltern getrennt leben oder
2. eine Ehesache oder eine Lebenspartnerschaftssache im Sinne von § 269 Absatz 1 Nummer 1 oder 2 des Gesetzes über das Verfahren in Familiensachen und in den Angelegenheiten der freiwilligen Gerichtsbarkeit zwischen ihnen anhängig ist.

[2]Eine von einem Elternteil erwirkte gerichtliche Entscheidung und ein zwischen den Eltern geschlossener gerichtlicher Vergleich wirken auch für und gegen das Kind.

§ 1631 Inhalt und Grenzen der Personensorge

(1) Die Personensorge umfasst insbesondere die Pflicht und das Recht, das Kind zu pflegen, zu erziehen, zu beaufsichtigen und seinen Aufenthalt zu bestimmen.

(2) [1]Kinder haben ein Recht auf gewaltfreie Erziehung. [2]Körperliche Bestrafungen, seelische Verletzungen und andere entwürdigende Maßnahmen sind unzulässig.

(3) Das Familiengericht hat die Eltern auf Antrag bei der Ausübung der Personensorge in geeigneten Fällen zu unterstützen.

§ 1631c Verbot der Sterilisation

[1]Die Eltern können nicht in eine Sterilisation des Kindes einwilligen. [2]Auch das Kind selbst kann nicht in die Sterilisation einwilligen. [3]§ 1909 findet keine Anwendung.

§ 1638 Beschränkung der Vermögenssorge

(1) Die Vermögenssorge erstreckt sich nicht auf das Vermögen, welches das Kind von Todes wegen erwirbt oder welches ihm unter Lebenden unentgeltlich zugewendet wird, wenn der Erblasser durch letztwillige Verfügung, der Zuwendende bei der Zuwendung bestimmt hat, dass die Eltern das Vermögen nicht verwalten sollen.

BGB ab 1.1.2023:

(2) [1]Der Vater und die Mutter können das Kind insoweit nicht vertreten, als nach **§ 1824 ein Betreuer von der Vertretung des Betreuten** ausgeschlossen ist. [2]Steht die elterliche Sorge für ein Kind den Eltern gemeinsam zu, so kann der Elternteil, in dessen Obhut sich das Kind befindet, Unterhaltsansprüche des Kindes gegen den anderen Elternteil geltend machen. [3]Das Familiengericht kann dem Vater und der Mutter nach **§ 1789 Absatz 2 Satz 3 und 4** die Vertretung entziehen; dies gilt nicht für die Feststellung der Vaterschaft.

(2a) Der Vater und die Mutter können das Kind in einem gerichtlichen Verfahren nach § 1598a Abs. 2 nicht vertreten.

(3) [1]Sind die Eltern des Kindes miteinander verheiratet oder besteht zwischen ihnen eine Lebenspartnerschaft, so kann ein Elternteil Unterhaltsansprüche des Kindes gegen den anderen Elternteil nur im eigenen Namen geltend machen, solange

1. die Eltern getrennt leben oder
2. eine Ehesache oder eine Lebenspartnerschaftssache im Sinne von § 269 Absatz 1 Nummer 1 oder 2 des Gesetzes über das Verfahren in Familiensachen und in den Angelegenheiten der freiwilligen Gerichtsbarkeit zwischen ihnen anhängig ist.

[2]Eine von einem Elternteil erwirkte gerichtliche Entscheidung und ein zwischen den Eltern geschlossener gerichtlicher Vergleich wirken auch für und gegen das Kind.

§ 1631 Inhalt und Grenzen der Personensorge

(1) Die Personensorge umfasst insbesondere die Pflicht und das Recht, das Kind zu pflegen, zu erziehen, zu beaufsichtigen und seinen Aufenthalt zu bestimmen.

(2) Das Kind hat ein Recht auf Pflege und Erziehung unter Ausschluss von Gewalt, körperlichen Bestrafungen, seelischen Verletzungen und anderen entwürdigenden Maßnahmen.

(3) Das Familiengericht hat die Eltern auf Antrag bei der Ausübung der Personensorge in geeigneten Fällen zu unterstützen.

§ 1631c Verbot der Sterilisation

[1]Die Eltern können nicht in eine Sterilisation des Kindes einwilligen. [2]Auch das Kind selbst kann nicht in die Sterilisation einwilligen. [3]**§ 1809** findet keine Anwendung.

§ 1638 Beschränkung der Vermögenssorge

(1) Die Vermögenssorge erstreckt sich nicht auf das Vermögen, welches das Kind von Todes wegen**, durch unentgeltliche Zuwendung auf den Todesfall oder unter Lebenden erwirbt,** wenn der Erblasser durch letztwillige Verfügung, der Zuwendende bei der Zuwendung bestimmt

BGB Stand 20.5.2021:	***BGB ab 1.1.2023:***
	hat, dass die Eltern das Vermögen nicht verwalten sollen.
(2) Was das Kind auf Grund eines zu einem solchen Vermögen gehörenden Rechts oder als Ersatz für die Zerstörung, Beschädigung oder Entziehung eines zu dem Vermögen gehörenden Gegenstands oder durch ein Rechtsgeschäft erwirbt, das sich auf das Vermögen bezieht, können die Eltern gleichfalls nicht verwalten.	(2) Was das Kind auf Grund eines zu einem solchen Vermögen gehörenden Rechts oder als Ersatz für die Zerstörung, Beschädigung oder Entziehung eines zu dem Vermögen gehörenden Gegenstands oder durch ein Rechtsgeschäft erwirbt, das sich auf das Vermögen bezieht, können die Eltern gleichfalls nicht verwalten.
§ 1639 Anordnungen des Erblassers oder Zuwendenden	**§ 1639 Anordnungen des Erblassers oder Zuwendenden**
(1) Was das Kind von Todes wegen erwirbt oder was ihm unter Lebenden unentgeltlich zugewendet wird, haben die Eltern nach den Anordnungen zu verwalten, die durch letztwillige Verfügung oder bei der Zuwendung getroffen worden sind.	(1) Was das Kind von Todes wegen**, durch unentgeltliche Zuwendung auf den Todesfall oder unter Lebenden erwirbt,** haben die Eltern nach den Anordnungen zu verwalten, die durch letztwillige Verfügung oder bei der Zuwendung getroffen worden sind.
(2) Die Eltern dürfen von den Anordnungen insoweit abweichen, als es nach § 1803 Abs. 2, 3 einem Vormund gestattet ist.	(2) **§ 1837 Absatz 2 gilt entsprechend.**
§ 1643 Genehmigungsbedürftige Rechtsgeschäfte	**§ 1643 Genehmigungsbedürftige Rechtsgeschäfte**
(1) Zu Rechtsgeschäften für das Kind bedürfen die Eltern der Genehmigung des Familiengerichts in den Fällen, in denen nach § 1821 und nach § 1822 Nr. 1, 3, 5, 8 bis 11 ein Vormund der Genehmigung bedarf.	**(1) Die Eltern bedürfen der Genehmigung des Familiengerichts in den Fällen, in denen ein Betreuer nach den §§ 1850 bis 1854 der Genehmigung des Betreuungsgerichts bedarf, soweit sich nicht aus den Absätzen 2 bis 5 etwas anderes ergibt.**
(2) [1] Das Gleiche gilt für die Ausschlagung einer Erbschaft oder eines Vermächtnisses sowie für den Verzicht auf einen Pflichtteil. [2] Tritt der Anfall an das Kind erst infolge der Ausschlagung eines Elternteils ein, der das Kind allein oder gemeinsam mit dem anderen Elternteil vertritt, so ist die Genehmigung nur erforderlich, wenn dieser neben dem Kind berufen war.	**(2) Nicht genehmigungsbedürftig gemäß § 1850 sind Verfügungen über Grundpfandrechte sowie Verpflichtungen zu einer solchen Verfügung.**
(3) Die Vorschriften der §§ 1825, 1828 bis 1831 sind entsprechend anzuwenden.	**(3) [1] Tritt der Anfall einer Erbschaft oder eines Vermächtnisses an das Kind erst infolge der Ausschlagung eines Elternteils ein, der das Kind allein oder gemeinsam mit dem anderen Elternteil vertritt, ist die Genehmigung abweichend von § 1851 Nummer 1 nur dann erforderlich, wenn der Elternteil neben dem Kind berufen war. [2] Ein Auseinandersetzungsvertrag und eine Vereinbarung, mit der das Kind aus einer Erbengemeinschaft ausscheidet, bedarf keiner Genehmigung.**
	(4) [1] Die Eltern bedürfen abweichend von § 1853 Satz 1 Nummer 1 der Genehmigung zum Abschluss eines Miet- oder Pachtvertrags oder eines anderen Vertrags, durch den das Kind zu wiederkehrenden Leistungen verpflichtet wird, wenn das Vertragsverhältnis länger als ein Jahr nach dem Eintritt der Volljährigkeit des Kindes fortdauern soll. [2] Eine Genehmigung ist nicht erforderlich, wenn **1. es sich um einen Ausbildungs-, Dienst- oder Arbeitsvertrag handelt,** **2. der Vertrag geringe wirtschaftliche Bedeutung für das Kind hat oder** **3. das Vertragsverhältnis von dem Kind nach Eintritt der Volljährigkeit spätestens zum**

BGB Stand 20.5.2021:

§ 1644 Überlassung von Vermögensgegenständen an das Kind

Die Eltern können Gegenstände, die sie nur mit Genehmigung des Familiengerichts veräußern dürfen, dem Kind nicht ohne diese Genehmigung zur Erfüllung eines von dem Kind geschlossenen Vertrags oder zu freier Verfügung überlassen.

§ 1645 Neues Erwerbsgeschäft

Die Eltern sollen nicht ohne Genehmigung des Familiengerichts ein neues Erwerbsgeschäft im Namen des Kindes beginnen.

§ 1667 Gerichtliche Maßnahmen bei Gefährdung des Kindesvermögens

(1) [1]Das Familiengericht kann anordnen, dass die Eltern ein Verzeichnis des Vermögens des Kindes einreichen und über die Verwaltung Rechnung legen. [2]Die Eltern haben das Verzeichnis mit der Versicherung der Richtigkeit und Vollständigkeit zu versehen. [3]Ist das eingereichte Verzeichnis ungenügend, so kann das Familiengericht anordnen, dass das Verzeichnis durch eine zuständige Behörde oder durch einen zuständigen Beamten oder Notar aufgenommen wird.

(2) [1]Das Familiengericht kann anordnen, dass das Geld des Kindes in bestimmter Weise anzulegen und dass zur Abhebung seine Genehmigung erforderlich ist. [2]Gehören Wertpapiere, Kostbarkeiten oder Schuldbuchforderungen gegen den Bund oder ein Land zum Vermögen des Kindes, so kann das Familiengericht dem Elternteil, der das Kind vertritt, die gleichen Verpflichtungen auferlegen, die nach §§ 1814 bis 1816, 1818 einem Vormund obliegen; die §§ 1819, 1820 sind entsprechend anzuwenden.

(3) [1]Das Familiengericht kann dem Elternteil, der das Vermögen des Kindes gefährdet, Sicher-

BGB ab 1.1.2023:

Ablauf des 19. Lebensjahres ohne eigene Nachteile gekündigt werden kann.

[3]§ 1853 Satz 1 Nummer 2 ist nicht anzuwenden.

(5) § 1854 Nummer 6 bis 8 ist nicht anzuwenden.

§ 1644 Ergänzende Vorschriften für genehmigungsbedürftige Rechtsgeschäfte

(1) Das Familiengericht erteilt die Genehmigung, wenn das Rechtsgeschäft dem Wohl des Kindes unter Berücksichtigung der Grundsätze einer wirtschaftlichen Vermögensverwaltung nicht widerspricht.

(2) § 1860 Absatz 2 gilt entsprechend.

(3) [1]Für die Erteilung der Genehmigung gelten die §§ 1855 bis 1856 Absatz 2 sowie die §§ 1857 und 1858 entsprechend. [2]Ist das Kind volljährig geworden, so tritt seine Genehmigung an die Stelle der Genehmigung des Familiengerichts.

§ 1645 Anzeigepflicht für Erwerbsgeschäfte

Die Eltern haben Beginn, Art und Umfang eines neuen Erwerbsgeschäfts im Namen des Kindes beim Familiengericht anzuzeigen.

§ 1667 Gerichtliche Maßnahmen bei Gefährdung des Kindesvermögens

(1) [1]Das Familiengericht kann anordnen, dass die Eltern ein Verzeichnis des Vermögens des Kindes einreichen und über die Verwaltung Rechnung legen. [2]Die Eltern haben das Verzeichnis mit der Versicherung der Richtigkeit und Vollständigkeit zu versehen. [3]Ist das eingereichte Verzeichnis ungenügend, so kann das Familiengericht anordnen, dass das Verzeichnis durch eine zuständige Behörde oder durch einen zuständigen Beamten oder Notar aufgenommen wird.

(2) [1]Das Familiengericht kann anordnen, dass das Geld des Kindes in bestimmter Weise anzulegen und zur Abhebung seine Genehmigung erforderlich ist. [2]Gehören Wertpapiere **oder Wertgegenstände** zum Vermögen des Kindes, so kann das Familiengericht dem Elternteil, der das Kind vertritt, die gleichen Verpflichtungen auferlegen, die nach **den §§ 1843 bis 1845** einem Betreuer obliegen; die **§§ 1842 und 1849 Absatz 1** sind entsprechend anzuwenden.

(3) [1]Das Familiengericht kann dem Elternteil, der das Vermögen des Kindes gefährdet, Sicher-

BGB Stand 20.5.2021:

heitsleistung für das seiner Verwaltung unterliegende Vermögen auferlegen. [2]Die Art und den Umfang der Sicherheitsleistung bestimmt das Familiengericht nach seinem Ermessen. [3]Bei der Bestellung und Aufhebung der Sicherheit wird die Mitwirkung des Kindes durch die Anordnung des Familiengerichts ersetzt. [4]Die Sicherheitsleistung darf nur dadurch erzwungen werden, dass die Vermögenssorge gemäß § 1666 Abs. 1 ganz oder teilweise entzogen wird.

(4) Die Kosten der angeordneten Maßnahmen trägt der Elternteil, der sie veranlasst hat.

§ 1674a Ruhen der elterlichen Sorge der Mutter für ein vertraulich geborenes Kind

[1]Die elterliche Sorge der Mutter für ein nach § 25 Absatz 1 des Schwangerschaftskonfliktgesetzes vertraulich geborenes Kind ruht. [2]Ihre elterliche Sorge lebt wieder auf, wenn das Familiengericht feststellt, dass sie ihm gegenüber die für den Geburtseintrag ihres Kindes erforderlichen Angaben gemacht hat.

BGB ab 1.1.2023:

heitsleistung für das seiner Verwaltung unterliegende Vermögen auferlegen. [2]Die Art und den Umfang der Sicherheitsleistung bestimmt das Familiengericht nach seinem Ermessen. [3]Bei der Bestellung und Aufhebung der Sicherheit wird die Mitwirkung des Kindes durch die Anordnung des Familiengerichts ersetzt. [4]Die Sicherheitsleistung darf nur dadurch erzwungen werden, dass die Vermögenssorge gemäß § 1666 Abs. 1 ganz oder teilweise entzogen wird.

§ 1674a Ruhen der elterlichen Sorge für ein vertraulich geborenes Kind

[1]Die elterliche Sorge **der Eltern** für ein nach § 25 Absatz 1 des Schwangerschaftskonfliktgesetzes vertraulich geborenes Kind ruht. [2]**Die** elterliche Sorge lebt wieder auf, wenn das Familiengericht feststellt, dass **ein Elternteil** ihm gegenüber die für den Geburtseintrag **des** Kindes erforderlichen Angaben gemacht hat.

Titel 6. Beistandschaft

BGB Stand 20.5.2021:

§ 1713 Antragsberechtigte

(1) [1]Den Antrag kann ein Elternteil stellen, dem für den Aufgabenkreis der beantragten Beistandschaft die alleinige elterliche Sorge zusteht oder zustünde, wenn das Kind bereits geboren wäre. [2]Steht die elterliche Sorge für das Kind den Eltern gemeinsam zu, kann der Antrag von dem Elternteil gestellt werden, in dessen Obhut sich das Kind befindet. [3]Der Antrag kann auch von einem nach § 1776 berufenen Vormund gestellt werden. [4]Er kann nicht durch einen Vertreter gestellt werden.

(2) [1]Vor der Geburt des Kindes kann die werdende Mutter den Antrag auch dann stellen, wenn das Kind, sofern es bereits geboren wäre, unter Vormundschaft stünde. [2]Ist die werdende Mutter in der Geschäftsfähigkeit beschränkt, so kann sie den Antrag nur selbst stellen; sie bedarf hierzu nicht der Zustimmung ihres gesetzlichen Vertreters. [3]Für eine geschäftsunfähige werdende Mutter kann nur ihr gesetzlicher Vertreter den Antrag stellen.

§ 1716 Wirkungen der Beistandschaft

[1]Durch die Beistandschaft wird die elterliche Sorge nicht eingeschränkt. [2]Im Übrigen gelten die Vorschriften über die Pflegschaft mit Ausnahme derjenigen über die Aufsicht des Familiengerichts und die Rechnungslegung sinngemäß**; die §§ 1791, 1791c Abs. 3 sind nicht anzuwenden**.

BGB ab 1.1.2023:

§ 1713 Antragsberechtigte

(1) [1]Den Antrag kann ein Elternteil stellen, dem für den Aufgabenkreis der beantragten Beistandschaft die alleinige elterliche Sorge zusteht oder zustünde, wenn das Kind bereits geboren wäre. [2]Steht die elterliche Sorge für das Kind den Eltern gemeinsam zu, kann der Antrag von dem Elternteil gestellt werden, in dessen Obhut sich das Kind befindet. [3]Der Antrag kann auch von einem **ehrenamtlichen Vormund, sowie von einer Pflegeperson, der nach § 1630 Absatz 3 Angelegenheiten der elterlichen Sorge übertragen wurden,** gestellt werden. [4]Er kann nicht durch einen Vertreter gestellt werden.

(2) [1]Vor der Geburt des Kindes kann die werdende Mutter den Antrag auch dann stellen, wenn das Kind, sofern es bereits geboren wäre, unter Vormundschaft stünde. [2]Ist die werdende Mutter in der Geschäftsfähigkeit beschränkt, so kann sie den Antrag nur selbst stellen; sie bedarf hierzu nicht der Zustimmung ihres gesetzlichen Vertreters. [3]Für eine geschäftsunfähige werdende Mutter kann nur ihr gesetzlicher Vertreter den Antrag stellen.

§ 1716 Wirkungen der Beistandschaft

[1]Durch die Beistandschaft wird die elterliche Sorge nicht eingeschränkt. [2]Im Übrigen gelten die Vorschriften über die Pflegschaft **für Minderjährige** mit Ausnahme derjenigen über die Aufsicht des Familiengerichts und die Rechnungslegung sinngemäß.

BGB Stand 20.5.2021:

Abschnitt 3. Vormundschaft, Rechtliche Betreuung, Pflegschaft

Titel 1. Vormundschaft

Untertitel 1. Begründung der Vormundschaft

§ 1773 Voraussetzungen

(1) Ein Minderjähriger erhält einen Vormund, wenn er nicht unter elterlicher Sorge steht oder wenn die Eltern weder in den die Person noch in den das Vermögen betreffenden Angelegenheiten zur Vertretung des Minderjährigen berechtigt sind.

(2) Ein Minderjähriger erhält einen Vormund auch dann, wenn sein Familienstand nicht zu ermitteln ist.

§ 1774 Anordnung von Amts wegen

[1] Das Familiengericht hat die Vormundschaft von Amts wegen anzuordnen. [2] Ist anzunehmen, dass ein Kind mit seiner Geburt eines Vormunds bedarf, so kann schon vor der Geburt des Kindes ein Vormund bestellt werden; die Bestellung wird mit der Geburt des Kindes wirksam.

§ 1775 Mehrere Vormünder

[1] Das Familiengericht kann ein Ehepaar gemeinschaftlich zu Vormündern bestellen. [2] Im Übrigen soll das Familiengericht, sofern nicht besondere Gründe für die Bestellung mehrerer Vormünder vorliegen, für den Mündel und, wenn Geschwister zu bevormunden sind, für alle Mündel nur einen Vormund bestellen.

BGB ab 1.1.2023:

Abschnitt 3. Vormundschaft, Pflegschaft für Minderjährige, rechtliche Betreuung, sonstige Pflegschaft

Titel 1. Vormundschaft

Untertitel 1. Begründung der Vormundschaft

Kapitel 1. Bestellte Vormundschaft

Unterkapitel 1. Allgemeine Vorschriften

§ 1773 Voraussetzungen der Vormundschaft; Bestellung des Vormunds

(1) **Das Familiengericht hat die Vormundschaft für einen Minderjährigen anzuordnen und ihm einen Vormund zu bestellen, wenn**
1. er nicht unter elterlicher Sorge steht,
2. seine Eltern nicht berechtigt sind, ihn in den seine Person und sein Vermögen betreffenden Angelegenheiten zu vertreten, oder
3. sein Familienstand nicht zu ermitteln ist.

(2) [1] Ist anzunehmen, dass ein Kind mit seiner Geburt einen Vormund benötigt, so kann schon vor der Geburt des Kindes eine Vormundschaft angeordnet und ein Vormund bestellt werden. [2] Die Bestellung wird mit der Geburt des Kindes wirksam.

§ 1774 Vormund

(1) Zum Vormund kann bestellt werden:
1. **eine natürliche Person, die die Vormundschaft ehrenamtlich führt,**
2. **eine natürliche Person, die die Vormundschaft beruflich selbständig führt (Berufsvormund),**
3. **ein Mitarbeiter eines vom überörtlichen Träger der Jugendhilfe anerkannten Vormundschaftsvereins, wenn der Mitarbeiter dort ausschließlich oder teilweise als Vormund tätig ist (Vereinsvormund), oder**
4. **das Jugendamt.**

(2) Zum vorläufigen Vormund kann bestellt werden:
1. **ein vom überörtlichen Träger der Jugendhilfe anerkannter Vormundschaftsverein,**
2. **das Jugendamt.**

§ 1775 Mehrere Vormünder

(1) Ehegatten können gemeinschaftlich zu Vormündern bestellt werden.

(2) Für Geschwister soll nur ein Vormund bestellt werden, es sei denn, es liegen besondere Gründe vor, jeweils einen Vormund für einzelne Geschwister zu bestellen.

§ 1776 Zusätzlicher Pfleger

(1) [1] Das Familiengericht kann bei Bestellung eines ehrenamtlichen Vormunds mit dessen Einverständnis einzelne Sorgeangele-

BGB Stand 20.5.2021:	*BGB ab 1.1.2023:*

genheiten oder eine bestimmte Art von Sorgeangelegenheiten auf einen Pfleger übertragen, wenn die Übertragung dieser Angelegenheiten dem Wohl des Mündels dient. [2] Die Übertragung ist auch nachträglich möglich, wenn der Vormund zustimmt.

(2) [1] Die Übertragung ist ganz oder teilweise aufzuheben,

1. **wenn sie dem Wohl des Mündels widerspricht,**
2. **auf Antrag des Vormunds oder des Pflegers, wenn der jeweils andere Teil zustimmt und die Aufhebung dem Wohl des Mündels nicht widerspricht, oder**
3. **auf Antrag des Mündels, der das 14. Lebensjahr vollendet hat, wenn Vormund und Pfleger der Aufhebung zustimmen.**

[2] Die Zustimmung gemäß Satz 1 Nummer 2 und 3 ist entbehrlich, wenn ein wichtiger Grund für die Aufhebung vorliegt.

(3) [1] Im Übrigen gelten die Vorschriften über die Pflegschaft für Minderjährige entsprechend. [2] Neben einem Pfleger nach § 1809 oder § 1777 kann ein Pfleger nach Absatz 1 nicht bestellt werden.

§ 1777 Übertragung von Sorgeangelegenheiten auf die Pflegeperson als Pfleger

(1) [1] Das Familiengericht überträgt auf Antrag des Vormunds oder der Pflegeperson einzelne Sorgeangelegenheiten oder eine bestimmte Art von Sorgeangelegenheiten auf die Pflegeperson als Pfleger, wenn

1. **der Mündel seit längerer Zeit bei der Pflegeperson lebt oder bereits bei Begründung des Pflegeverhältnisses eine persönliche Bindung zwischen dem Mündel und der Pflegeperson besteht,**
2. **die Pflegeperson oder der Vormund dem Antrag des jeweils anderen auf Übertragung zustimmt und**
3. **die Übertragung dem Wohl des Mündels dient.**

[2] Ein entgegenstehender Wille des Mündels ist zu berücksichtigen.

(2) Sorgeangelegenheiten, deren Regelung für den Mündel von erheblicher Bedeutung ist, werden der Pflegeperson nur zur gemeinsamen Wahrnehmung mit dem Vormund übertragen.

(3) [1] Den Antrag auf Übertragung nach Absatz 1 Satz 1 kann auch der Mündel stellen, wenn er das 14. Lebensjahr vollendet hat. [2] Für die Übertragung ist die Zustimmung des Vormunds und der Pflegeperson erforderlich.

(4) [1] § 1776 Absatz 2 gilt entsprechend. [2] Im Übrigen gelten die Vorschriften über die Pflegschaft für Minderjährige entsprechend.

BGB Stand 20.5.2021:

§ 1776 Benennungsrecht der Eltern

(1) Als Vormund ist berufen, wer von den Eltern des Mündels als Vormund benannt ist.

(2) Haben der Vater und die Mutter verschiedene Personen benannt, so gilt die Benennung durch den zuletzt verstorbenen Elternteil.

§ 1777 Voraussetzungen des Benennungsrechts

(1) Die Eltern können einen Vormund nur benennen, wenn ihnen zur Zeit ihres Todes die Sorge für die Person und das Vermögen des Kindes zusteht.

(2) Der Vater kann für ein Kind, das erst nach seinem Tode geboren wird, einen Vormund benennen, wenn er dazu berechtigt sein würde, falls das Kind vor seinem Tode geboren wäre.

(3) Der Vormund wird durch letztwillige Verfügung benannt.

§ 1778 Übergehen des benannten Vormunds

(1) Wer nach § 1776 als Vormund berufen ist, darf ohne seine Zustimmung nur übergangen werden,
1. wenn er nach den §§ 1780 bis 1784 nicht zum Vormund bestellt werden kann oder soll,
2. wenn er an der Übernahme der Vormundschaft verhindert ist,
3. wenn er die Übernahme verzögert,
4. wenn seine Bestellung das Wohl des Mündels gefährden würde,
5. wenn der Mündel, der das 14. Lebensjahr vollendet hat, der Bestellung widerspricht, es sei denn, der Mündel ist geschäftsunfähig.

(2) Ist der Berufene nur vorübergehend verhindert, so hat ihn das Familiengericht nach dem Wegfall des Hindernisses auf seinen Antrag anstelle des bisherigen Vormunds zum Vormund zu bestellen.

(3) Neben dem Berufenen darf nur mit dessen Zustimmung ein Mitvormund bestellt werden.

§ 1779 Auswahl durch das Familiengericht

(1) Ist die Vormundschaft nicht einem nach § 1776 Berufenen zu übertragen, so hat das Familiengericht nach Anhörung des Jugendamts den Vormund auszuwählen.

(2) [1]Das Familiengericht soll eine Person auswählen, die nach ihren persönlichen Verhältnissen und ihrer Vermögenslage sowie nach den sonstigen Umständen zur Führung der Vormundschaft geeignet ist. [2]Bei der Auswahl unter mehreren geeig-

BGB ab 1.1.2023:

[3]Neben einem Pfleger nach § 1809 oder § 1776 kann die Pflegeperson nicht zum Pfleger bestellt werden.

(vgl. § 1782 BGB kF)

(vgl. § 1782 BGB kF)

(vgl. § 1783 Abs. 1 Nr. 1 BGB kF)

(vgl. § 1783 BGB kF)

Unterkapitel 2 Auswahl des Vormunds

§ 1778 Auswahl des Vormunds durch das Familiengericht

(1) Ist die Vormundschaft nicht einem nach **§ 1782** Benannten zu übertragen, hat das Familiengericht den Vormund auszuwählen, **der am besten geeignet ist, für die Person und das Vermögen des Mündels zu sorgen**.

(2) Bei der Auswahl sind insbesondere zu berücksichtigen:
1. der Wille des Mündels, seine familiären Beziehungen, seine persönlichen Bindungen,

BGB Stand 20.5.2021:	***BGB ab 1.1.2023:***
neten Personen sind der mutmaßliche Wille der Eltern, die persönlichen Bindungen des Mündels, die Verwandtschaft oder Schwägerschaft mit dem Mündel sowie das religiöse Bekenntnis des Mündels zu berücksichtigen.	**sein religiöses Bekenntnis und sein kultureller Hintergrund,** **2. der wirkliche oder mutmaßliche Wille der Eltern und** **3. die Lebensumstände des Mündels.**
(3) [1] Das Familiengericht soll bei der Auswahl des Vormunds Verwandte oder Verschwägerte des Mündels hören, wenn dies ohne erhebliche Verzögerung und ohne unverhältnismäßige Kosten geschehen kann. [2] Die Verwandten und Verschwägerten können von dem Mündel Ersatz ihrer Auslagen verlangen; der Betrag der Auslagen wird von dem Familiengericht festgesetzt.	
	§ 1779 Eignung der Person; Vorrang des ehrenamtlichen Vormunds **(1) Eine natürliche Person muss nach** **1. ihren Kenntnissen und Erfahrungen,** **2. ihren persönlichen Eigenschaften,** **3. ihren persönlichen Verhältnissen und ihrer Vermögenslage sowie** **4. ihrer Fähigkeit und Bereitschaft zur Zusammenarbeit mit den anderen an der Erziehung des Mündels beteiligten Personen** **geeignet sein, die Vormundschaft so zu führen, wie es das Wohl des Mündels erfordert.** **(2) [1] Eine natürliche Person, die geeignet und bereit ist, die Vormundschaft ehrenamtlich zu führen, hat gegenüber den in § 1774 Absatz 1 Nummer 2 bis 4 genannten Vormündern Vorrang. [2] Von ihrer Eignung ist auch dann auszugehen, wenn ein zusätzlicher Pfleger nach § 1776 bestellt wird.**
§ 1780 Unfähigkeit zur Vormundschaft Zum Vormund kann nicht bestellt werden, wer geschäftsunfähig ist.	*(vgl. § 1784 BGB kF)*
§ 1781 Untauglichkeit zur Vormundschaft Zum Vormund soll nicht bestellt werden: 1. wer minderjährig ist, 2. derjenige, für den ein Betreuer bestellt ist.	*(vgl. § 1784 BGB kF)*
	§ 1780 Berücksichtigung der beruflichen Belastung des Berufs- und Vereinsvormunds **[1] Soll ein Berufsvormund oder ein Vereinsvormund bestellt werden, ist seine berufliche Arbeitsbelastung, insbesondere die Anzahl und der Umfang der bereits zu führenden Vormundschaften und Pflegschaften zu berücksichtigen. [2] Er ist dem Familiengericht zur Auskunft hierüber verpflichtet.**
	§ 1781 Bestellung eines vorläufigen Vormunds **(1) Sind die erforderlichen Ermittlungen zur Auswahl des geeigneten Vormunds insbesondere im persönlichen Umfeld des Mündels im Zeitpunkt der Anordnung der Vormundschaft noch nicht abgeschlossen oder besteht ein vorübergehendes Hindernis für**

BGB Stand 20.5.2021:	***BGB ab 1.1.2023:***
	die Bestellung des Vormunds, bestellt das Familiengericht einen vorläufigen Vormund.
	(2) [1] Der Vormundschaftsverein überträgt die Aufgaben des vorläufigen Vormunds einzelnen seiner Mitarbeiter; § 1784 gilt entsprechend. [2] Der Vormundschaftsverein hat dem Familiengericht alsbald, spätestens binnen zwei Wochen nach seiner Bestellung zum vorläufigen Vormund mitzuteilen, welchem Mitarbeiter die Ausübung der Aufgaben des vorläufigen Vormunds übertragen worden sind.
	(3) [1] Das Familiengericht hat den Vormund alsbald, längstens aber binnen drei Monaten ab Bestellung des vorläufigen Vormunds zu bestellen. [2] Die Frist kann durch Beschluss des Gerichts nach Anhörung der Beteiligten um höchstens weitere drei Monate verlängert werden, wenn trotz eingeleiteter Ermittlungen des Familiengerichts der für den Mündel am besten geeignete Vormund noch nicht bestellt werden konnte.
	(4) Die Bestellung des Jugendamtes oder eines Vereinsmitarbeiters zum Vormund ist auch erforderlich, wenn das Familiengericht das Jugendamt oder einen Vormundschaftsverein zuvor als vorläufigen Vormund ausgewählt hat.
	(5) Mit der Bestellung des Vormunds endet das Amt des vorläufigen Vormunds.
§ 1782 Ausschluss durch die Eltern	**§ 1782 Benennung und Ausschluss als Vormund durch die Eltern**
(1) [1] Zum Vormund soll nicht bestellt werden, wer durch Anordnung der Eltern des Mündels von der Vormundschaft ausgeschlossen ist. [2] Haben die Eltern einander widersprechende Anordnungen getroffen, so gilt die Anordnung des zuletzt verstorbenen Elternteils.	(1) [1] Die Eltern können durch letztwillige Verfügung eine natürliche Person als Vormund oder Ehegatten als gemeinschaftliche Vormünder benennen oder von der Vormundschaft ausschließen, wenn ihnen zur Zeit ihres Todes die Sorge für die Person und das Vermögen des Kindes zusteht. [2] Die Benennung und der Ausschluss können schon vor der Geburt des Kindes erfolgen, wenn dem jeweiligen Elternteil die Sorge für die Person und das Vermögen des Kindes zustünde, falls es vor dem Tod des Elternteils geboren wäre.
(2) Auf die Ausschließung ist die Vorschrift des § 1777 anzuwenden.	(2) Haben die Eltern widersprüchliche letztwillige Verfügungen zur Benennung oder zum Ausschluss von Vormündern getroffen, so gilt die Verfügung durch den zuletzt verstorbenen Elternteil.
§ 1783 (weggefallen)	**§ 1783 Übergehen der benannten Person**
	(1) Die benannte Person darf als Vormund ohne ihre Zustimmung nur übergangen werden, wenn 1. sie nach § 1784 nicht zum Vormund bestellt werden kann oder soll, 2. ihre Bestellung dem Wohl des Mündels widersprechen würde, 3. der Mündel, der das 14. Lebensjahr vollendet hat, der Bestellung widerspricht,

BGB Stand 20.5.2021: | **BGB ab 1.1.2023:**

4. sie aus rechtlichen oder tatsächlichen Gründen an der Übernahme der Vormundschaft verhindert ist oder
5. sie sich nicht binnen vier Wochen ab der Aufforderung des Familiengerichts zur Übernahme der Vormundschaft bereit erklärt hat.

(2) Wurde die benannte Person gemäß Absatz 1 Nummer 4 übergangen und war sie nur vorübergehend verhindert, so ist sie auf ihren Antrag anstelle des bisherigen Vormunds zum Vormund zu bestellen, wenn
1. sie den Antrag innerhalb von sechs Monaten nach der Bestellung des bisherigen Vormunds gestellt hat,
2. die Entlassung des bisherigen Vormunds dem Wohl des Mündels nicht widerspricht und
3. der Mündel, der das 14. Lebensjahr vollendet hat, der Entlassung des bisherigen Vormunds nicht widerspricht.

§ 1784 Beamter oder Religionsdiener als Vormund

(1) Ein Beamter oder Religionsdiener, der nach den Landesgesetzen einer besonderen Erlaubnis zur Übernahme einer Vormundschaft bedarf, soll nicht ohne die vorgeschriebene Erlaubnis zum Vormund bestellt werden.

(2) Diese Erlaubnis darf nur versagt werden, wenn ein wichtiger dienstlicher Grund vorliegt.

§ 1784 Ausschlussgründe

(1) Nicht zum Vormund bestellt werden kann, wer geschäftsunfähig ist.

(2) Nicht zum Vormund bestellt werden soll in der Regel eine Person,
1. die minderjährig ist,
2. **für die ein Betreuer bestellt ist, sofern die Betreuung die für die Führung der Vormundschaft wesentlichen Angelegenheiten umfasst, oder für die ein Einwilligungsvorbehalt nach § 1825 angeordnet ist,**
3. die die Eltern gemäß § 1782 als Vormund ausgeschlossen haben, oder
4. die zu einer Einrichtung, in der der Mündel lebt, in einem Abhängigkeitsverhältnis oder in einer anderen engen Beziehung steht.

§ 1785 Übernahmepflicht

Jeder Deutsche hat die Vormundschaft, für die er von dem Familiengericht ausgewählt wird, zu übernehmen, sofern nicht seiner Bestellung zum Vormund einer der in den §§ 1780 bis 1784 bestimmten Gründe entgegensteht.

§ 1785 Übernahmepflicht; weitere Bestellungsvoraussetzungen

(1) Die vom Familiengericht ausgewählte Person ist verpflichtet, die Vormundschaft zu übernehmen, wenn ihr die Übernahme unter Berücksichtigung ihrer familiären, beruflichen und sonstigen Verhältnisse zugemutet werden kann.

(2) Die ausgewählte Person darf erst dann zum Vormund bestellt werden, wenn sie sich zur Übernahme der Vormundschaft bereit erklärt hat.

BGB Stand 20.5.2021: | ***BGB ab 1.1.2023:***

(3) Der Vormundschaftsverein und der Vereinsvormund dürfen nur mit Einwilligung des Vereins bestellt werden.

§ 1786 Ablehnungsrecht

(1) Die Übernahme der Vormundschaft kann ablehnen:

1. ein Elternteil, welcher zwei oder mehr noch nicht schulpflichtige Kinder überwiegend betreut oder glaubhaft macht, dass die ihm obliegende Fürsorge für die Familie die Ausübung des Amts dauernd besonders erschwert,
2. wer das 60. Lebensjahr vollendet hat,
3. wem die Sorge für die Person oder das Vermögen von mehr als drei minderjährigen Kindern zusteht,
4. wer durch Krankheit oder durch Gebrechen verhindert ist, die Vormundschaft ordnungsmäßig zu führen,
5. wer wegen Entfernung seines Wohnsitzes von dem Sitz des Familiengerichts die Vormundschaft nicht ohne besondere Belästigung führen kann,
6. (weggefallen)
7. wer mit einem anderen zur gemeinschaftlichen Führung der Vormundschaft bestellt werden soll,
8. wer mehr als eine Vormundschaft, Betreuung oder Pflegschaft führt; die Vormundschaft oder Pflegschaft über mehrere Geschwister gilt nur als eine; die Führung von zwei Gegenvormundschaften steht der Führung einer Vormundschaft gleich.

(2) Das Ablehnungsrecht erlischt, wenn es nicht vor der Bestellung bei dem Familiengericht geltend gemacht wird.

Kapitel 2. Gesetzliche Amtsvormundschaft

§ 1786 Amtsvormundschaft bei Fehlen eines sorgeberechtigten Elternteils

[1] Mit der Geburt eines Kindes, dessen Eltern nicht miteinander verheiratet sind und das eines Vormunds bedarf, wird das Jugendamt Vormund, wenn das Kind seinen gewöhnlichen Aufenthalt im Inland hat. [2] Dies gilt nicht, wenn bereits vor der Geburt des Kindes ein Vormund bestellt ist. [3] Wurde die Vaterschaft nach § 1592 Nummer 1 oder 2 durch Anfechtung beseitigt und bedarf das Kind eines Vormunds, so wird das Jugendamt in dem Zeitpunkt Vormund, in dem die Entscheidung rechtskräftig wird.

§ 1787 Folgen der unbegründeten Ablehnung

(1) Wer die Übernahme der Vormundschaft ohne Grund ablehnt, ist, wenn ihm ein Verschulden zur Last fällt, für den Schaden verantwortlich, der dem Mündel dadurch entsteht, dass sich die Bestellung des Vormunds verzögert.

(2) Erklärt das Familiengericht die Ablehnung für unbegründet, so hat der Ablehnende, unbeschadet der ihm zustehenden Rechtsmittel, die

BGB Stand 20.5.2021:	*BGB ab 1.1.2023:*

Vormundschaft auf Erfordern des Familiengerichts vorläufig zu übernehmen.

§ 1787 Amtsvormundschaft bei vertraulicher Geburt

Wird ein Kind vertraulich geboren (§ 25 Absatz 1 Satz 2 des Schwangerschaftskonfliktgesetzes), wird das Jugendamt mit der Geburt des Kindes Vormund.

§ 1788 Zwangsgeld

(1) Das Familiengericht kann den zum Vormund Ausgewählten durch Festsetzung von Zwangsgeld zur Übernahme der Vormundschaft anhalten.

(2) [1]Die Zwangsgelder dürfen nur in Zwischenräumen von mindestens einer Woche festgesetzt werden. [2]Mehr als drei Zwangsgelder dürfen nicht festgesetzt werden.

Untertitel 2. Führung der Vormundschaft

Kapitel 1. Allgemeine Vorschriften

§ 1788 Rechte des Mündels

Der Mündel hat insbesondere das Recht auf

1. **Förderung seiner Entwicklung und Erziehung zu einer eigenverantwortlichen und gemeinschaftsfähigen Persönlichkeit,**
2. **Pflege und Erziehung unter Ausschluss von Gewalt, körperlichen Bestrafungen, seelischen Verletzungen und anderen entwürdigenden Maßnahmen,**
3. **persönlichen Kontakt mit dem Vormund,**
4. **Achtung seines Willens, seiner persönlichen Bindungen, seines religiösen Bekenntnisses und kulturellen Hintergrunds sowie**
5. **Beteiligung an ihn betreffenden Angelegenheiten, soweit es nach seinem Entwicklungsstand angezeigt ist.**

§ 1789 Bestellung durch das Familiengericht

[1]Der Vormund wird von dem Familiengericht durch Verpflichtung zu treuer und gewissenhafter Führung der Vormundschaft bestellt. [2]Die Verpflichtung soll mittels Handschlags an Eides statt erfolgen.

§ 1789 Sorge des Vormunds; Vertretung und Haftung des Mündels

(1) [1]Der Vormund hat die Pflicht und das Recht, für die Person und das Vermögen des Mündels zu sorgen. [2]Ausgenommen sind Angelegenheiten, für die ein Pfleger bestellt ist, es sei denn, die Angelegenheiten sind dem Pfleger mit dem Vormund zur gemeinsamen Wahrnehmung übertragen.

(2) [1]Der Vormund vertritt den Mündel. [2]§ 1824 gilt entsprechend. [3]Das Familiengericht kann dem

BGB Stand 20.5.2021:

BGB ab 1.1.2023:

Vormund die Vertretung für einzelne Angelegenheiten entziehen. [4]Die Entziehung soll nur erfolgen, wenn das Interesse des Mündels zu dem Interesse des Vormunds, eines von diesem vertretenen Dritten oder einer der in § 1824 Absatz 1 Nummer 1 bezeichneten Personen in erheblichem Gegensatz steht.

(3) Für Verbindlichkeiten, die im Rahmen der Vertretungsmacht nach Absatz 2 gegenüber dem Mündel begründet werden, haftet der Mündel entsprechend § 1629a.

§ 1790 Bestellung unter Vorbehalt

Bei der Bestellung des Vormunds kann die Entlassung für den Fall vorbehalten werden, dass ein bestimmtes Ereignis eintritt oder nicht eintritt.

§ 1790 Amtsführung des Vormunds; Auskunftspflicht

(1) Der Vormund ist unabhängig und hat die Vormundschaft im Interesse des Mündels zu dessen Wohl zu führen.

(2) [1]Der Vormund hat die wachsende Fähigkeit und das wachsende Bedürfnis des Mündels zu selbständigem und verantwortungsbewusstem Handeln zu berücksichtigen und zu fördern. [2]Der Vormund hat Angelegenheiten der Personen- und der Vermögenssorge mit dem Mündel zu besprechen und ihn an Entscheidungen zu beteiligen, soweit es nach dessen Entwicklungsstand angezeigt ist; Einvernehmen ist anzustreben. [3]Der Vormund soll bei seiner Amtsführung im Interesse des Mündels zu dessen Wohl die Beziehung des Mündels zu seinen Eltern einbeziehen.

(3) [1]Der Vormund ist zum persönlichen Kontakt mit dem Mündel verpflichtet und berechtigt. [2]Er soll den Mündel in der Regel einmal im Monat in dessen üblicher Umgebung aufsuchen, es sei denn, im Einzelfall sind kürzere oder längere Besuchsabstände oder ein anderer Ort geboten.

(4) Der Vormund hat bei berechtigtem Interesse nahestehenden Angehörigen oder sonstigen Vertrauenspersonen auf Verlangen Auskunft über die persönlichen Verhältnisse des Mündels zu erteilen, soweit dies dem Wohl des Mündels nicht widerspricht und dem Vormund zuzumuten ist.

(5) [1]Wird der gewöhnliche Aufenthalt eines Mündels in den Bezirk eines anderen Jugendamts verlegt, so hat der Vormund dem Jugendamt des bisherigen gewöhnlichen Aufenthalts die Verlegung mitzuteilen. [2]Satz 1 gilt nicht für den Vereinsvormund und den Vormundschaftsverein.

§ 1791 Bestallungsurkunde

(1) Der Vormund erhält eine Bestallung.

BGB Stand 20.5.2021:	BGB ab 1.1.2023:
(2) Die Bestallung soll enthalten den Namen und die Zeit der Geburt des Mündels, die Namen des Vormunds, des Gegenvormunds und der Mitvormünder sowie im Falle der Teilung der Vormundschaft die Art der Teilung.	
	§ 1791 Aufnahme des Mündels in den Haushalt des Vormunds
	[1] Der Vormund kann den Mündel zur Pflege und Erziehung in seinen Haushalt aufnehmen. [2] In diesem Fall sind Vormund und Mündel einander Beistand und Rücksicht schuldig; § 1619 gilt entsprechend.
§ 1791a Vereinsvormundschaft	
(1) [1] Ein rechtsfähiger Verein kann zum Vormund bestellt werden, wenn er vom Landesjugendamt hierzu für geeignet erklärt worden ist. [2] Der Verein darf nur zum Vormund bestellt werden, wenn eine als ehrenamtlicher Einzelvormund geeignete Person nicht vorhanden ist oder wenn er nach § 1776 als Vormund berufen ist; die Bestellung bedarf der Einwilligung des Vereins.	*(vgl. § 1774 BGB kF)*
(2) Die Bestellung erfolgt durch Beschluss des Familiengerichts; die §§ 1789, 1791 sind nicht anzuwenden.	
(3) [1] Der Verein bedient sich bei der Führung der Vormundschaft einzelner seiner Mitglieder oder Mitarbeiter; eine Person, die den Mündel in einem Heim des Vereins als Erzieher betreut, darf die Aufgaben des Vormunds nicht ausüben. [2] Für ein Verschulden des Mitglieds oder des Mitarbeiters ist der Verein dem Mündel in gleicher Weise verantwortlich wie für ein Verschulden eines verfassungsmäßig berufenen Vertreters.	*(vgl. § 1784 BGB kF)* *(vgl. § 1826 BGB kF)*
(4) Will das Familiengericht neben dem Verein einen Mitvormund oder will es einen Gegenvormund bestellen, so soll es vor der Entscheidung den Verein hören.	
§ 1791b Bestellte Amtsvormundschaft des Jugendamts	
(1) [1] Ist eine als ehrenamtlicher Einzelvormund geeignete Person nicht vorhanden, so kann auch das Jugendamt zum Vormund bestellt werden. [2] Das Jugendamt kann von den Eltern des Mündels weder benannt noch ausgeschlossen werden.	*(vgl. § 1774 BGB kF)*
(2) Die Bestellung erfolgt durch Beschluss des Familiengerichts; die §§ 1789, 1791 sind nicht anzuwenden.	
§ 1791c Gesetzliche Amtsvormundschaft des Jugendamts	
(1) [1] Mit der Geburt eines Kindes, dessen Eltern nicht miteinander verheiratet sind und das eines Vormunds bedarf, wird das Jugendamt Vormund, wenn das Kind seinen gewöhnlichen Aufenthalt im Geltungsbereich dieses Gesetzes hat; dies gilt nicht, wenn bereits vor der Geburt des Kindes ein Vormund bestellt ist. [2] Wurde die Vaterschaft nach	*(vgl. § 1786 BGB kF)*

BGB Stand 20.5.2021:

§ 1592 Nr. 1 oder 2 durch Anfechtung beseitigt und bedarf das Kind eines Vormunds, so wird das Jugendamt in dem Zeitpunkt Vormund, in dem die Entscheidung rechtskräftig wird.

(2) War das Jugendamt Pfleger eines Kindes, dessen Eltern nicht miteinander verheiratet sind, endet die Pflegschaft kraft Gesetzes und bedarf das Kind eines Vormunds, so wird das Jugendamt Vormund, das bisher Pfleger war.

(3) Das Familiengericht hat dem Jugendamt unverzüglich eine Bescheinigung über den Eintritt der Vormundschaft zu erteilen; § 1791 ist nicht anzuwenden.

§ 1792 Gegenvormund

(1) [1] Neben dem Vormund kann ein Gegenvormund bestellt werden. [2] Ist das Jugendamt Vormund, so kann kein Gegenvormund bestellt werden; das Jugendamt kann Gegenvormund sein.

(2) Ein Gegenvormund soll bestellt werden, wenn mit der Vormundschaft eine Vermögensverwaltung verbunden ist, es sei denn, dass die Verwaltung nicht erheblich oder dass die Vormundschaft von mehreren Vormündern gemeinschaftlich zu führen ist.

(3) Ist die Vormundschaft von mehreren Vormündern nicht gemeinschaftlich zu führen, so kann der eine Vormund zum Gegenvormund des anderen bestellt werden.

(4) Auf die Berufung und Bestellung des Gegenvormunds sind die für die Begründung der Vormundschaft geltenden Vorschriften anzuwenden.

Untertitel 2. Führung der Vormundschaft

§ 1793 Aufgaben des Vormunds, Haftung des Mündels

(1) [1] Der Vormund hat das Recht und die Pflicht, für die Person und das Vermögen des Mündels zu sorgen, insbesondere den Mündel zu vertreten. [2] § 1626 Abs. 2 gilt entsprechend. [3] Ist der Mündel auf längere Dauer in den Haushalt des

BGB ab 1.1.2023:

§ 1792 Gemeinschaftliche Führung der Vormundschaft, Zusammenarbeit von Vormund und Pfleger

(1) Ehegatten führen die ihnen übertragene Vormundschaft gemeinschaftlich.

(2) Vormünder und Pfleger sind zur gegenseitigen Information und Zusammenarbeit im Interesse des Mündels zu dessen Wohl verpflichtet.

(3) Der nach § 1776 bestellte Pfleger hat bei seinen Entscheidungen die Auffassung des Vormunds einzubeziehen.

(4) Der nach § 1777 bestellte Pfleger und der Vormund entscheiden in Angelegenheiten, für die ihnen die Sorge gemeinsam zusteht, in gegenseitigem Einvernehmen.

(5) In den Fällen der Absätze 1 und 4 gilt § 1629 Absatz 1 Satz 2 und 4 entsprechend.

(vgl. § 1789 BGB kF)

(vgl. §§ 1790 und 1791 BGB kF)

BGB Stand 20.5.2021:	***BGB ab 1.1.2023:***

Vormunds aufgenommen, so gelten auch die §§ 1618a, 1619, 1664 entsprechend.

(1a) [1] Der Vormund hat mit dem Mündel persönlichen Kontakt zu halten. [2] Er soll den Mündel in der Regel einmal im Monat in dessen üblicher Umgebung aufsuchen, es sei denn, im Einzelfall sind kürzere oder längere Besuchsabstände oder ein anderer Ort geboten.

(vgl. § 1790 BGB kF)

(2) Für Verbindlichkeiten, die im Rahmen der Vertretungsmacht nach Absatz 1 gegenüber dem Mündel begründet werden, haftet der Mündel entsprechend § 1629a.

(vgl. § 1794 BGB kF)

§ 1793 Entscheidung bei Meinungsverschiedenheiten

(1) Das Familiengericht entscheidet auf Antrag über die hinsichtlich einer Sorgeangelegenheit bestehenden Meinungsverschiedenheiten zwischen
1. gemeinschaftlichen Vormündern,
2. mehreren Vormündern bei Sorgeangelegenheiten, die Geschwister gemeinsam betreffen,
3. dem Vormund und dem nach § 1776 oder § 1777 bestellten Pfleger.

(2) Antragsberechtigt sind der Vormund, der Pfleger und der Mündel, der das 14. Lebensjahr vollendet hat.

§ 1794 Beschränkung durch Pflegschaft

Das Recht und die Pflicht des Vormunds, für die Person und das Vermögen des Mündels zu sorgen, erstreckt sich nicht auf Angelegenheiten des Mündels, für die ein Pfleger bestellt ist.

(vgl. § 1789 BGB kF)

§ 1794 Haftung des Vormunds

(1) [1] Der Vormund ist dem Mündel für den aus einer Pflichtverletzung entstehenden Schaden verantwortlich. [2] Dies gilt nicht, wenn der Vormund die Pflichtverletzung nicht zu vertreten hat. [3] Im Übrigen gilt § 1826 entsprechend.

(2) Ist der Mündel zur Pflege und Erziehung in den Haushalt des Vormunds, der die Vormundschaft ehrenamtlich führt, aufgenommen, gilt § 1664 entsprechend.

§ 1795 Ausschluss der Vertretungsmacht

(1) Der Vormund kann den Mündel nicht vertreten:

(vgl. § 1824 BGB kF)

(vgl. § 1789 BGB kF)

1. bei einem Rechtsgeschäft zwischen seinem Ehegatten, seinem Lebenspartner oder einem seiner Verwandten in gerader Linie einerseits und dem Mündel andererseits, es sei denn, dass das Rechtsgeschäft ausschließlich in der Erfüllung einer Verbindlichkeit besteht,
2. bei einem Rechtsgeschäft, das die Übertragung oder Belastung einer durch Pfandrecht, Hypothek, Schiffshypothek oder Bürgschaft gesicherten Forderung des Mündels gegen den Vormund

BGB Stand 20.5.2021:

oder die Aufhebung oder Minderung dieser Sicherheit zum Gegenstand hat oder die Verpflichtung des Mündels zu einer solchen Übertragung, Belastung, Aufhebung oder Minderung begründet,

3. bei einem Rechtsstreit zwischen den in Nummer 1 bezeichneten Personen sowie bei einem Rechtsstreit über eine Angelegenheit der in Nummer 2 bezeichneten Art.

(2) Die Vorschrift des § 181 bleibt unberührt.

§ 1796 Entziehung der Vertretungsmacht

(1) Das Familiengericht kann dem Vormund die Vertretung für einzelne Angelegenheiten oder für einen bestimmten Kreis von Angelegenheiten entziehen.

(2) Die Entziehung soll nur erfolgen, wenn das Interesse des Mündels zu dem Interesse des Vormunds oder eines von diesem vertretenen Dritten oder einer der in § 1795 Nr. 1 bezeichneten Personen in erheblichem Gegensatz steht.

BGB ab 1.1.2023:

Kapitel 2. Personensorge

§ 1795 Gegenstand der Personensorge; Genehmigungspflichten

(1) [1] Die Personensorge umfasst insbesondere die Bestimmung des Aufenthalts sowie die Pflege, Erziehung und Beaufsichtigung des Mündels unter Berücksichtigung seiner Rechte aus § 1788. [2] Der Vormund ist auch dann für die Personensorge verantwortlich und hat die Pflege und Erziehung des Mündels persönlich zu fördern und zu gewährleisten, wenn er den Mündel nicht in seinem Haushalt pflegt und erzieht. [3] Die §§ 1631a bis 1632 gelten entsprechend.

(2) Der Vormund bedarf der Genehmigung des Familiengerichts

1. zu einem Ausbildungsvertrag, der für längere Zeit als ein Jahr geschlossen wird,
2. zu einem auf die Eingehung eines Dienst- oder Arbeitsverhältnisses gerichteten Vertrag, wenn der Mündel zu persönlichen Leistungen für längere Zeit als ein Jahr verpflichtet werden soll und
3. zum Wechsel des gewöhnlichen Aufenthalts des Mündels ins Ausland.

(3) Das Familiengericht erteilt die Genehmigung nach Absatz 2, wenn das Rechtsgeschäft oder der Aufenthaltswechsel unter Berücksichtigung der Rechte des Mündels aus § 1788 dem Wohl des Mündels nicht widerspricht.

(4) [1] Für die Erteilung der Genehmigung gelten die §§ 1855 bis 1856 Absatz 2 sowie die §§ 1857 und 1858 entsprechend. [2] Ist der Mündel volljährig geworden, so tritt seine Genehmigung an die Stelle der Genehmigung des Familiengerichts.

(vgl. § 1789 BGB kF)

BGB Stand 20.5.2021:	*BGB ab 1.1.2023:*

BGB ab 1.1.2023:

§ 1796 Verhältnis zwischen Vormund und Pflegeperson

(1) [1]Der Vormund hat auf die Belange der Pflegeperson Rücksicht zu nehmen. [2]Bei Entscheidungen der Personensorge soll er die Auffassung der Pflegeperson einbeziehen.

(2) Für das Zusammenwirken von Vormund und Pflegeperson gilt § 1792 Absatz 2 entsprechend.

(3) Der Pflegeperson steht eine Person gleich, die
1. den Mündel
a) in einer Einrichtung über Tag und Nacht oder
b) in sonstigen Wohnformen
betreut und erzieht oder
2. die intensive sozialpädagogische Betreuung des Mündels übernommen hat.

BGB Stand 20.5.2021:

§ 1797 Mehrere Vormünder

(vgl. § 1792 BGB kF)

(1) [1]Mehrere Vormünder führen die Vormundschaft gemeinschaftlich. [2]Bei einer Meinungsverschiedenheit entscheidet das Familiengericht, sofern nicht bei der Bestellung ein anderes bestimmt wird.

(vgl. § 1793 BGB kF)

(2) [1]Das Familiengericht kann die Führung der Vormundschaft unter mehrere Vormünder nach bestimmten Wirkungskreisen verteilen. [2]Innerhalb des ihm überwiesenen Wirkungskreises führt jeder Vormund die Vormundschaft selbständig.

(3) Bestimmungen, die der Vater oder die Mutter für die Entscheidung von Meinungsverschiedenheiten zwischen den von ihnen benannten Vormündern und für die Verteilung der Geschäfte unter diese nach Maßgabe des § 1777 getroffen hat, sind von dem Familiengericht zu befolgen, sofern nicht ihre Befolgung das Interesse des Mündels gefährden würde.

BGB ab 1.1.2023:

§ 1797 Entscheidungsbefugnis der Pflegeperson

(1) [1]Lebt der Mündel für längere Zeit bei der Pflegeperson, ist diese berechtigt, in Angelegenheiten des täglichen Lebens zu entscheiden und den Vormund insoweit zu vertreten. [2]§ 1629 Absatz 1 Satz 4 gilt entsprechend.

(2) Absatz 1 ist auf die Person gemäß § 1796 Absatz 3 entsprechend anzuwenden.

(3) Der Vormund kann die Befugnisse nach den Absätzen 1 und 2 durch Erklärung gegenüber der Pflegeperson einschränken oder ausschließen, wenn dies zum Wohl des Mündels erforderlich ist.

BGB Stand 20.5.2021:

§ 1798 Meinungsverschiedenheiten

(vgl. § 1793 BGB kF)

Steht die Sorge für die Person und die Sorge für das Vermögen des Mündels verschiedenen Vor-

BGB Stand 20.5.2021:

mündern zu, so entscheidet bei einer Meinungsverschiedenheit über die Vornahme einer sowohl die Person als das Vermögen des Mündels betreffenden Handlung das Familiengericht.

§ 1799 Pflichten und Rechte des Gegenvormunds

(1) [1]Der Gegenvormund hat darauf zu achten, dass der Vormund die Vormundschaft pflichtmäßig führt. [2]Er hat dem Familiengericht Pflichtwidrigkeiten des Vormunds sowie jeden Fall unverzüglich anzuzeigen, in welchem das Familiengericht zum Einschreiten berufen ist, insbesondere den Tod des Vormunds oder den Eintritt eines anderen Umstands, infolgedessen das Amt des Vormunds endigt oder die Entlassung des Vormunds erforderlich wird.

(2) Der Vormund hat dem Gegenvormund auf Verlangen über die Führung der Vormundschaft Auskunft zu erteilen und die Einsicht der sich auf die Vormundschaft beziehenden Papiere zu gestatten.

BGB ab 1.1.2023:

Kapitel 3. Vermögenssorge

§ 1798 Grundsätze und Pflichten des Vormunds in der Vermögenssorge

(1) [1]Der Vormund hat die Vermögenssorge zum Wohl des Mündels unter Berücksichtigung der Grundsätze einer wirtschaftlichen Vermögensverwaltung und der wachsenden Bedürfnisse des Mündels zu selbständigem und verantwortungsbewussten Handeln wahrzunehmen. [2]Er ist dabei zum Schutz und Erhalt des Mündelvermögens verpflichtet.

(2) [1]Für die Pflichten des Vormunds bei der Vermögenssorge gelten im Übrigen § 1835 Absatz 1 bis 5 sowie die §§ 1836, 1837 und 1839 bis 1847 entsprechend. [2]Das Vermögensverzeichnis soll das bei Anordnung der Vormundschaft vorhandene Vermögen erfassen. [3]Das Familiengericht hat das Vermögensverzeichnis dem Mündel zur Kenntnis zu geben, soweit dies dem Wohl des Mündels nicht widerspricht und der Mündel aufgrund seines Entwicklungsstands in der Lage ist, das Verzeichnis zur Kenntnis zu nehmen.

(3) [1]Der Vormund kann nicht in Vertretung des Mündels Schenkungen machen. [2]Ausgenommen sind Schenkungen, durch die einer sittlichen Pflicht oder einer auf den Anstand zu nehmenden Rücksicht entsprochen wird.

§ 1799 Genehmigungsbedürftige Rechtsgeschäfte

(1) Der Vormund bedarf der Genehmigung des Familiengerichts in den Fällen, in denen ein Betreuer nach den §§ 1848 bis 1854 Nummer 1 bis 7

BGB Stand 20.5.2021:	BGB ab 1.1.2023:
	der Genehmigung des Betreuungsgerichts bedarf, soweit sich nicht aus Absatz 2 etwas anderes ergibt. (2) [1]Der Vormund bedarf abweichend von § 1853 Satz 1 Nummer 1 der Genehmigung des Familiengerichts zum Abschluss eines Miet- oder Pachtvertrags oder eines anderen Vertrags, durch den der Mündel zu wiederkehrenden Leistungen verpflichtet wird, wenn das Vertragsverhältnis länger als ein Jahr nach dem Eintritt seiner Volljährigkeit fortdauern soll. [2]Eine Genehmigung ist nicht erforderlich, wenn 1. der Vertrag geringe wirtschaftliche Bedeutung für den Mündel hat oder 2. das Vertragsverhältnis von dem Mündel nach Eintritt der Volljährigkeit spätestens zum Ablauf des 19. Lebensjahres ohne eigene Nachteile gekündigt werden kann.
§ 1800 Umfang der Personensorge [1]Das Recht und die Pflicht des Vormunds, für die Person des Mündels zu sorgen, bestimmen sich nach §§ 1631 bis 1632. [2]Der Vormund hat die Pflege und Erziehung des Mündels persönlich zu fördern und zu gewährleisten.	*(vgl. § 1788 BGB kF)*
	§ 1800 Erteilung der Genehmigung **(1) Das Familiengericht erteilt die Genehmigung, wenn das Rechtgeschäft den Grundsätzen nach § 1798 Absatz 1 nicht widerspricht.** **(2) [1]Für die Erteilung der Genehmigung gelten die §§ 1855 bis 1856 Absatz 2 sowie die §§ 1857 und 1858 entsprechend. [2]Ist der Mündel volljährig geworden, so tritt seine Genehmigung an die Stelle der Genehmigung des Familiengerichts.**
§ 1801 Religiöse Erziehung (1) Die Sorge für die religiöse Erziehung des Mündels kann dem Einzelvormund von dem Familiengericht entzogen werden, wenn der Vormund nicht dem Bekenntnis angehört, in dem der Mündel zu erziehen ist. (2) Hat das Jugendamt oder ein Verein als Vormund über die Unterbringung des Mündels zu entscheiden, so ist hierbei auf das religiöse Bekenntnis oder die Weltanschauung des Mündels und seiner Familie Rücksicht zu nehmen.	
	§ 1801 Befreite Vormundschaft **(1) Für das Jugendamt, den Vereinsvormund und den Vormundschaftsverein als Vormund gilt § 1859 Absatz 1 entsprechend.** **(2) [1]Das Familiengericht kann auf Antrag Vormünder von den Beschränkungen bei der Vermögenssorge befreien, wenn eine Gefährdung des Mündelvermögens nicht zu besorgen ist. [2]§ 1860 Absatz 1 bis 3 gilt entsprechend.**

BGB Stand 20.5.2021:	BGB ab 1.1.2023:

(3) [1]Eltern können unter Beachtung der Voraussetzungen des § 1782 einen von ihnen benannten Vormund von den Beschränkungen nach den §§ 1845, 1848 und 1849 Absatz 1 Satz 1 Nummer 1 und 2, Satz 2 sowie § 1865 Absatz 1 befreien. [2]§ 1859 Absatz 1 Satz 2 und 3 gilt entsprechend.

(4) Das Familiengericht hat die Befreiungen aufzuheben, wenn ihre Voraussetzungen nicht mehr vorliegen oder bei ihrer Fortgeltung eine Gefährdung des Mündelvermögens zu besorgen wäre.

§ 1802 Vermögensverzeichnis

(1) [1]Der Vormund hat das Vermögen, das bei der Anordnung der Vormundschaft vorhanden ist oder später dem Mündel zufällt, zu verzeichnen und das Verzeichnis, nachdem er es mit der Versicherung der Richtigkeit und Vollständigkeit versehen hat, dem Familiengericht einzureichen. [2]Ist ein Gegenvormund vorhanden, so hat ihn der Vormund bei der Aufnahme des Verzeichnisses zuzuziehen; das Verzeichnis ist auch von dem Gegenvormund mit der Versicherung der Richtigkeit und Vollständigkeit zu versehen.

(2) Der Vormund kann sich bei der Aufnahme des Verzeichnisses der Hilfe eines Beamten, eines Notars oder eines anderen Sachverständigen bedienen.

(3) Ist das eingereichte Verzeichnis ungenügend, so kann das Familiengericht anordnen, dass das Verzeichnis durch eine zuständige Behörde oder durch einen zuständigen Beamten oder Notar aufgenommen wird.

(vgl. § 1835 BGB kF)

Untertitel 3. Beratung und Aufsicht durch das Familiengericht

§ 1802 Allgemeine Vorschriften

(1) [1]Das Familiengericht unterstützt den Vormund und berät ihn über seine Rechte und Pflichten bei der Wahrnehmung seiner Aufgaben. [2]§ 1861 Absatz 2 gilt entsprechend.

(2) [1]Das Familiengericht führt über die gesamte Tätigkeit des Vormunds die Aufsicht. [2]Es hat dabei insbesondere auf die Einhaltung der Pflichten der Amtsführung des Vormunds unter Berücksichtigung der Rechte des Mündels sowie der Grundsätze und Pflichten des Vormunds in der Personen- und Vermögenssorge zu achten. [3]§ 1862 Absatz 3 und 4 sowie die §§ 1863 bis 1867, 1666, 1666a und 1696 gelten entsprechend. [4]Das Familiengericht kann dem Vormund aufgeben, eine Versicherung gegen Schäden, die er dem Mündel zufügen kann, einzugehen.

BGB Stand 20.5.2021:	*BGB ab 1.1.2023:*

§ 1803 Vermögensverwaltung bei Erbschaft oder Schenkung

(1) Was der Mündel von Todes wegen erwirbt oder was ihm unter Lebenden von einem Dritten unentgeltlich zugewendet wird, hat der Vormund nach den Anordnungen des Erblassers oder des Dritten zu verwalten, wenn die Anordnungen von dem Erblasser durch letztwillige Verfügung, von dem Dritten bei der Zuwendung getroffen worden sind.

(2) Der Vormund darf mit Genehmigung des Familiengerichts von den Anordnungen abweichen, wenn ihre Befolgung das Interesse des Mündels gefährden würde.

(3) [1] Zu einer Abweichung von den Anordnungen, die ein Dritter bei einer Zuwendung unter Lebenden getroffen hat, ist, solange er lebt, seine Zustimmung erforderlich und genügend. [2] Die Zustimmung des Dritten kann durch das Familiengericht ersetzt werden, wenn der Dritte zur Abgabe einer Erklärung dauernd außerstande oder sein Aufenthalt dauernd unbekannt ist.

(vgl. § 1837 BGB kF)

§ 1803 Persönliche Anhörung; Besprechung mit dem Mündel

In geeigneten Fällen und soweit es nach dem Entwicklungstand des Mündels angezeigt ist,

1. hat das Familiengericht den Mündel persönlich anzuhören, wenn Anhaltspunkte bestehen, dass der Vormund pflichtwidrig die Rechte des Mündels nicht oder nicht in geeigneter Weise beachtet oder seinen Pflichten als Vormund in anderer Weise nicht nachkommt,

2. soll das Familiengericht den Anfangs- und Jahresbericht des Vormunds über die persönlichen Verhältnisse des Mündels, die Rechnungslegung des Vormunds, wenn der Umfang des zu verwaltenden Vermögens dies rechtfertigt, sowie wesentliche Änderungen der persönlichen oder wirtschaftlichen Verhältnisse des Mündels mit dem Mündel persönlich besprechen; der Vormund kann hinzugezogen werden.

§ 1804 Schenkungen des Vormunds

[1] Der Vormund kann nicht in Vertretung des Mündels Schenkungen machen. [2] Ausgenommen sind Schenkungen, durch die einer sittlichen Pflicht oder einer auf den Anstand zu nehmenden Rücksicht entsprochen wird.

(vgl. § 1837 BGB kF)

Untertitel 4. Beendigung der Vormundschaft

§ 1804 Entlassung des Vormunds

(1) Das Familiengericht hat den Vormund zu entlassen, wenn

1. die Fortführung des Amtes durch ihn, insbesondere wegen Verletzung seiner Pflich-

BGB Stand 20.5.2021:	BGB ab 1.1.2023:

ten, das Interesse oder Wohl des Mündels gefährden würde,
2. er als Vormund gemäß § 1774 Absatz 1 Nummer 2 bis 4 bestellt wurde und jetzt eine andere Person geeignet und bereit ist, die Vormundschaft ehrenamtlich zu führen, es sei denn, die Entlassung widerspricht dem Wohl des Mündels,
3. er als Vereinsvormund bestellt wurde und aus dem Arbeitsverhältnis mit dem Verein ausscheidet,
4. nach seiner Bestellung Umstände bekannt werden oder eintreten, die seiner Bestellung gemäß § 1784 entgegenstehen oder
5. ein sonstiger wichtiger Grund für die Entlassung vorliegt.

(2) Das Familiengericht hat den Vormund außerdem zu entlassen, wenn
1. nach dessen Bestellung Umstände eintreten, aufgrund derer ihm die Fortführung des Amtes nicht mehr zugemutet werden kann, und der Vormund seine Entlassung beantragt oder
2. er als Vereinsvormund bestellt wurde und der Verein seine Entlassung beantragt.

(3) [1] Das Familiengericht soll auf Antrag den bisherigen Vormund entlassen, wenn der Wechsel des Vormunds dem Wohl des Mündels dient. [2] Ein entgegenstehender Wille des Mündels und der Vorrang des ehrenamtlichen Vormunds sind zu berücksichtigen. [3] Den Antrag nach Satz 1 können stellen:
1. der Vormund,
2. derjenige, der sich im Interesse des Mündels als neuer Vormund anbietet,
3. der Mündel, der das 14. Lebensjahr vollendet hat, sowie
4. jeder andere, der ein berechtigtes Interesse des Mündels geltend macht.

§ 1805 Verwendung für den Vormund

[1] Der Vormund darf Vermögen des Mündels weder für sich noch für den Gegenvormund verwenden. [2] Ist das Jugendamt Vormund oder Gegenvormund, so ist die Anlegung von Mündelgeld gemäß § 1807 auch bei der Körperschaft zulässig, bei der das Jugendamt errichtet ist.

(vgl. § 1836 BGB kF)

§ 1805 Bestellung eines neuen Vormunds

(1) [1] Wird der Vormund entlassen oder verstirbt er, hat das Familiengericht unverzüglich einen neuen Vormund zu bestellen. [2] Die §§ 1778 bis 1785 gelten entsprechend.

(2) Wird der Vereinsvormund gemäß § 1804 Absatz 1 Nummer 3 oder Absatz 2 Nummer 2 entlassen, kann das Familiengericht statt der Entlassung des Vereinsvormunds feststellen, dass dieser die Vormundschaft künftig als Pri-

BGB Stand 20.5.2021:	BGB ab 1.1.2023:
	vatperson weiterführt, wenn dies dem Wohl des Mündels dient.
§ 1806 Anlegung von Mündelgeld Der Vormund hat das zum Vermögen des Mündels gehörende Geld verzinslich anzulegen, soweit es nicht zur Bestreitung von Ausgaben bereitzuhalten ist.	
	§ 1806 Ende der Vormundschaft Die Vormundschaft endet, wenn die Voraussetzungen für ihre Begründung gemäß § 1773 nicht mehr gegeben sind.
§ 1807 Art der Anlegung (1) Die im § 1806 vorgeschriebene Anlegung von Mündelgeld soll nur erfolgen: 1. in Forderungen, für die eine sichere Hypothek an einem inländischen Grundstück besteht, oder in sicheren Grundschulden oder Rentenschulden an inländischen Grundstücken; 2. in verbrieften Forderungen gegen den Bund oder ein Land sowie in Forderungen, die in das Bundesschuldbuch oder in das Landesschuldbuch eines Landes eingetragen sind; 3. in verbrieften Forderungen, deren Verzinsung vom Bund oder einem Land gewährleistet ist; 4. in Wertpapieren, insbesondere Pfandbriefen, sowie in verbrieften Forderungen jeder Art gegen eine inländische kommunale Körperschaft oder die Kreditanstalt einer solchen Körperschaft, sofern die Wertpapiere oder die Forderungen von der Bundesregierung mit Zustimmung des Bundesrates zur Anlegung von Mündelgeld für geeignet erklärt sind;	
5. bei einer inländischen öffentlichen Sparkasse, wenn sie von der zuständigen Behörde des Landes, in welchem sie ihren Sitz hat, zur Anlegung von Mündelgeld für geeignet erklärt ist, oder bei einem anderen Kreditinstitut, das einer für die Anlage ausreichenden Sicherungseinrichtung angehört. (2) Die Landesgesetze können für die innerhalb ihres Geltungsbereichs belegenen Grundstücke die Grundsätze bestimmen, nach denen die Sicherheit einer Hypothek, einer Grundschuld oder einer Rentenschuld festzustellen ist.	*(vgl. § 1842 BGB kF)*
	§ 1807 Vermögensherausgabe, Schlussrechnungslegung und Fortführung der Geschäfte **Bei Beendigung der Vormundschaft finden die §§ 1872 bis 1874 mit der Maßgabe entsprechende Anwendung, dass § 1872 Absatz 5 für Vormünder gilt, die bei Beendigung ihres Amtes gemäß § 1801 Absatz 1 und 3 befreit waren.**

BGB Stand 20.5.2021:	***BGB ab 1.1.2023:***
	Untertitel 5. Vergütung und Aufwendungsersatz
§ 1808 (weggefallen)	**§ 1808 Vergütung und Aufwendungsersatz** **(1) Die Vormundschaft wird grundsätzlich unentgeltlich geführt.** **(2) [1]Der ehrenamtliche Vormund kann vom Mündel für seine zur Führung der Vormundschaft erforderlichen Aufwendungen Vorschuss oder Ersatz gemäß § 1877 oder stattdessen die Aufwandspauschale gemäß § 1878 verlangen; die §§ 1879 und 1880 gelten entsprechend. [2]Das Familiengericht kann ihm abweichend von Absatz 1 eine angemessene Vergütung bewilligen. [3]§ 1876 Satz 2 gilt entsprechend.** **(3) [1]Die Vormundschaft wird ausnahmsweise berufsmäßig geführt. [2]Die Berufsmäßigkeit sowie Ansprüche des berufsmäßig tätigen Vormunds und des Vormundschaftsvereins auf Vergütung und Aufwendungsersatz bestimmen sich nach dem Vormünder- und Betreuervergütungsgesetz.**
§ 1809 Anlegung mit Sperrvermerk Der Vormund soll Mündelgeld nach § 1807 Abs. 1 Nr. 5 nur mit der Bestimmung anlegen, dass zur Erhebung des Geldes die Genehmigung des Gegenvormunds oder des Familiengerichts erforderlich ist.	*(vgl. § 1845 BGB kF)*
	Titel 2. Pflegschaft für Minderjährige **§ 1809 Ergänzungspflegschaft** **(1)** [1]Wer unter elterlicher Sorge oder unter Vormundschaft steht, erhält für Angelegenheiten, an deren Besorgung die Eltern oder der Vormund verhindert sind, einen Pfleger. **[2]Der Pfleger hat die Pflicht und das Recht, die ihm übertragenen Angelegenheiten im Interesse des Pfleglings zu dessen Wohl zu besorgen und diesen zu vertreten.** (2) Wird eine Pflegschaft erforderlich, so haben die Eltern oder der Vormund dies dem Familiengericht unverzüglich anzuzeigen.
§ 1810 Mitwirkung von Gegenvormund oder Familiengericht [1]Der Vormund soll die in den §§ 1806, 1807 vorgeschriebene Anlegung nur mit Genehmigung des Gegenvormunds bewirken; die Genehmigung des Gegenvormunds wird durch die Genehmigung des Familiengerichts ersetzt. [2]Ist ein Gegenvormund nicht vorhanden, so soll die Anlegung nur mit Genehmigung des Familiengerichts erfolgen, sofern nicht die Vormundschaft von mehreren Vormündern gemeinschaftlich geführt wird.	*(vgl. § 1846 BGB kF)*
	§ 1810 Pflegschaft für ein ungeborenes Kind **[1]Für ein bereits gezeugtes Kind kann zur Wahrung seiner künftigen Rechte ein Pfleger**

BGB Stand 20.5.2021:	*BGB ab 1.1.2023:*

bestellt werden, sofern die Eltern an der Ausübung der elterlichen Sorge verhindert wären, wenn das Kind bereits geboren wäre. [2] Mit der Geburt des Kindes endet die Pflegschaft.

§ 1811 Andere Anlegung

[1] Das Familiengericht kann dem Vormund eine andere Anlegung als die in § 1807 vorgeschriebene gestatten. [2] Die Erlaubnis soll nur verweigert werden, wenn die beabsichtigte Art der Anlegung nach Lage des Falles den Grundsätzen einer wirtschaftlichen Vermögensverwaltung zuwiderlaufen würde.

(vgl. § 1848 BGB kF)

§ 1811 Zuwendungspflegschaft

(1) Der Minderjährige erhält einen Zuwendungspfleger, wenn

1. **der Minderjährige von Todes wegen, durch unentgeltliche Zuwendung auf den Todesfall oder unter Lebenden Vermögen erwirbt und**
2. **der Erblasser durch letztwillige Verfügung, der Zuwendende bei der Zuwendung bestimmt hat, dass die Eltern oder der Vormund das Vermögen nicht verwalten sollen.**

(2) [1] Der Erblasser kann durch letztwillige Verfügung, der Zuwendende bei der Zuwendung

1. **einen Zuwendungspfleger benennen,**
2. **den Zuwendungspfleger von den Beschränkungen gemäß den §§ 1843, 1845, 1846, 1848, 1849 Absatz 1 Satz 1 Nummer 1 und 2 und Satz 2 sowie § 1865 befreien.**

[2] In den Fällen des Satzes 1 Nummer 1 gilt § 1783 entsprechend. [3] In den Fällen des Satzes 1 Nummer 2 gilt § 1859 Absatz 1 Satz 2 und 3 entsprechend.

(3) [1] Das Familiengericht hat die Befreiungen nach Absatz 2 Satz 1 Nummer 2 aufzuheben, wenn sie das Vermögen des Pfleglings erheblich gefährden. [2] Solange der Zuwendende lebt, ist zu einer Abweichung der von ihm erteilten Befreiungen seine Zustimmung erforderlich und genügend. [3] Ist er zur Abgabe einer Erklärung dauerhaft außerstande oder ist sein Aufenthalt dauerhaft unbekannt, so hat das Familiengericht unter Beachtung der Voraussetzung des Satzes 1 die Zustimmung zu ersetzen.

(4) [1] Sofern der Pflegling nicht mittellos ist, bestimmt sich die Höhe des Stundensatzes des Zuwendungspflegers nach seinen für die Führung der Pflegschaftsgeschäfte nutzbaren Fachkenntnissen sowie nach dem Umfang und der Schwierigkeit der Pflegschaftsgeschäfte. [2] § 1881 gilt entsprechend.

BGB Stand 20.5.2021:

§ 1812 Verfügungen über Forderungen und Wertpapiere

(1) [1]Der Vormund kann über eine Forderung oder über ein anderes Recht, kraft dessen der Mündel eine Leistung verlangen kann, sowie über ein Wertpapier des Mündels nur mit Genehmigung des Gegenvormunds verfügen, sofern nicht nach den §§ 1819 bis 1822 die Genehmigung des Familiengerichts erforderlich ist. [2]Das Gleiche gilt von der Eingehung der Verpflichtung zu einer solchen Verfügung.

(2) Die Genehmigung des Gegenvormunds wird durch die Genehmigung des Familiengerichts ersetzt.

(3) Ist ein Gegenvormund nicht vorhanden, so tritt an die Stelle der Genehmigung des Gegenvormunds die Genehmigung des Familiengerichts, sofern nicht die Vormundschaft von mehreren Vormündern gemeinschaftlich geführt wird.

§ 1813 Genehmigungsfreie Geschäfte

(1) Der Vormund bedarf nicht der Genehmigung des Gegenvormunds zur Annahme einer geschuldeten Leistung:
1. wenn der Gegenstand der Leistung nicht in Geld oder Wertpapieren besteht,
2. wenn der Anspruch nicht mehr als 3 000 Euro beträgt,
3. wenn der Anspruch das Guthaben auf einem Giro- oder Kontokorrentkonto zum Gegenstand hat oder Geld zurückgezahlt wird, das der Vormund angelegt hat,
4. wenn der Anspruch zu den Nutzungen des Mündelvermögens gehört,
5. wenn der Anspruch auf Erstattung von Kosten der Kündigung oder der Rechtsverfolgung oder auf sonstige Nebenleistungen gerichtet ist.

(2) [1]Die Befreiung nach Absatz 1 Nr. 2, 3 erstreckt sich nicht auf die Erhebung von Geld, bei dessen Anlegung ein anderes bestimmt worden ist. [2]Die Befreiung nach Absatz 1 Nr. 3 gilt auch nicht für die Erhebung von Geld, das nach § 1807 Abs. 1 Nr. 1 bis 4 angelegt ist.

BGB ab 1.1.2023:

(vgl. § 1849 BGB kF)

§ 1812 Aufhebung und Ende der Pflegschaft

(1) Die Pflegschaft ist aufzuheben, wenn der Grund für die Anordnung der Pflegschaft weggefallen ist.

(2) Die Pflegschaft endet mit der Beendigung der elterlichen Sorge oder der Vormundschaft, im Falle der Pflegschaft zur Besorgung einer einzelnen Angelegenheit mit deren Erledigung.

(vgl. § 1849 BGB kF)

§ 1813 Anwendung des Vormundschaftsrechts

(1) Auf die Pflegschaften nach diesem Titel finden die für die Vormundschaft geltenden Vorschriften entsprechende Anwendung, so-

BGB Stand 20.5.2021:

§ 1814 Hinterlegung von Inhaberpapieren

[1] Der Vormund hat die zu dem Vermögen des Mündels gehörenden Inhaberpapiere nebst den Erneuerungsscheinen bei einer Hinterlegungsstelle oder bei einem der in § 1807 Abs. 1 Nr. 5 genannten Kreditinstitute mit der Bestimmung zu hinterlegen, dass die Herausgabe der Papiere nur mit Genehmigung des Familiengerichts verlangt werden kann. [2] Die Hinterlegung von Inhaberpapieren, die nach § 92 zu den verbrauchbaren Sachen gehören, sowie von Zins-, Renten- oder Gewinnanteilscheinen ist nicht erforderlich. [3] Den Inhaberpapieren stehen Orderpapiere gleich, die mit Blankoindossament versehen sind.

BGB ab 1.1.2023:

weit sich aus dem Gesetz nichts anderes ergibt.

(2) Für Pflegschaften nach § 1809 Absatz 1 Satz 1 gelten die §§ 1782 und 1783 nicht.

(vgl. § 1844 BGB kF)

Titel 3. Rechtliche Betreuung

Untertitel 1. Betreuerbestellung

§ 1814 Voraussetzungen

(1) Kann ein Volljähriger seine Angelegenheiten ganz oder teilweise rechtlich nicht besorgen und beruht dies auf einer Krankheit oder Behinderung, so bestellt das Betreuungsgericht für ihn einen rechtlichen Betreuer (Betreuer).

(2) Gegen den freien Willen des Volljährigen darf ein Betreuer nicht bestellt werden.

(3) [1] Ein Betreuer darf nur bestellt werden, wenn dies erforderlich ist. [2] Die Bestellung eines Betreuers ist insbesondere nicht erforderlich, soweit die Angelegenheiten des Volljährigen
1. **durch einen Bevollmächtigten, der nicht zu den in § 1816 Absatz 6 bezeichneten Personen gehört, gleichermaßen besorgt werden können oder**
2. **durch andere Hilfen, bei denen kein gesetzlicher Vertreter bestellt wird, erledigt werden können, insbesondere durch solche Unterstützung, die auf sozialen Rechten oder anderen Vorschriften beruht.**

(4) [1] Die Bestellung eines Betreuers erfolgt auf Antrag des Volljährigen oder von Amts wegen. [2] Soweit der Volljährige seine Angelegenheiten lediglich aufgrund einer körperlichen Krankheit oder Behinderung nicht besorgen kann, darf ein Betreuer nur auf Antrag des Volljährigen bestellt werden, es sei denn, dass dieser seinen Willen nicht kundtun kann.

(5) [1] Ein Betreuer kann auch für einen Minderjährigen, der das 17. Lebensjahr vollendet hat, bestellt werden, wenn anzunehmen ist, dass die Bestellung eines Betreuers bei Eintritt der Volljährigkeit erforderlich sein wird.

BGB Stand 20.5.2021:	*BGB ab 1.1.2023:*
	[2] Die Bestellung des Betreuers wird erst mit dem Eintritt der Volljährigkeit wirksam.
	§ 1815 Umfang der Betreuung
	(1) [1] Der Aufgabenkreis eines Betreuers besteht aus einem oder mehreren Aufgabenbereichen. [2] Diese sind vom Betreuungsgericht im Einzelnen anzuordnen. [3] Ein Aufgabenbereich darf nur angeordnet werden, wenn und soweit dessen rechtliche Wahrnehmung durch einen Betreuer erforderlich ist.
	(2) Folgende Entscheidungen darf der Betreuer nur treffen, wenn sie als Aufgabenbereich vom Betreuungsgericht ausdrücklich angeordnet worden sind: 1. eine mit Freiheitsentziehung verbundene Unterbringung des Betreuten nach § 1831 Absatz 1, 2. eine freiheitsentziehende Maßnahme im Sinne des § 1831 Absatz 4, unabhängig davon, wo der Betreute sich aufhält, 3. die Bestimmung des gewöhnlichen Aufenthalts des Betreuten im Ausland, 4. die Bestimmung des Umgangs des Betreuten, 5. die Entscheidung über die Telekommunikation des Betreuten einschließlich seiner elektronischen Kommunikation, 6. die Entscheidung über die Entgegennahme, das Öffnen und das Anhalten der Post des Betreuten.
	(3) Einem Betreuer können unter den Voraussetzungen des § 1820 Absatz 3 auch die Aufgabenbereiche der Geltendmachung von Rechten des Betreuten gegenüber seinem Bevollmächtigten sowie zusätzlich der Geltendmachung von Auskunfts- und Rechenschaftsansprüchen des Betreuten gegenüber Dritten übertragen werden (Kontrollbetreuer).
§ 1815 Umschreibung und Umwandlung von Inhaberpapieren	
(1) [1] Der Vormund kann die Inhaberpapiere, statt sie nach § 1814 zu hinterlegen, auf den Namen des Mündels mit der Bestimmung umschreiben lassen, dass er über sie nur mit Genehmigung des Familiengerichts verfügen kann. [2] Sind die Papiere vom Bund oder einem Land ausgestellt, so kann er sie mit der gleichen Bestimmung in Schuldbuchforderungen gegen den Bund oder das Land umwandeln lassen.	*(vgl. § 1844 BGB kF)*
(2) Sind Inhaberpapiere zu hinterlegen, die in Schuldbuchforderungen gegen den Bund oder ein Land umgewandelt werden können, so kann das Familiengericht anordnen, dass sie nach Absatz 1 in Schuldbuchforderungen umgewandelt werden.	
§ 1816 Sperrung von Buchforderungen	*(vgl. § 1844 BGB kF)*
Gehören Schuldbuchforderungen gegen den Bund oder ein Land bei der Anordnung der Vor-	

BGB Stand 20.5.2021:	*BGB ab 1.1.2023:*
mundschaft zu dem Vermögen des Mündels oder erwirbt der Mündel später solche Forderungen, so hat der Vormund in das Schuldbuch den Vermerk eintragen zu lassen, dass er über die Forderungen nur mit Genehmigung des Familiengerichts verfügen kann.	
	§ 1816 Eignung und Auswahl des Betreuers, Berücksichtigung der Wünsche des Volljährigen
	(1) Das Betreuungsgericht bestellt einen Betreuer, der geeignet ist, in dem gerichtlich angeordneten Aufgabenkreis die Angelegenheiten des Betreuten nach Maßgabe des § 1821 rechtlich zu besorgen und insbesondere in dem hierfür erforderlichen Umfang persönlichen Kontakt mit dem Betreuten zu halten.
	(2) [1] Wünscht der Volljährige eine Person als Betreuer, so ist diesem Wunsch zu entsprechen, es sei denn, die gewünschte Person ist zur Führung der Betreuung nach Absatz 1 nicht geeignet. [2] Lehnt der Volljährige eine bestimmte Person als Betreuer ab, so ist diesem Wunsch zu entsprechen, es sei denn, die Ablehnung bezieht sich nicht auf die Person des Betreuers, sondern auf die Bestellung eines Betreuers als solche. [3] Die Sätze 1 und 2 gelten auch für Wünsche, die der Volljährige vor Einleitung des Betreuungsverfahrens geäußert hat, es sei denn, dass er an diesen erkennbar nicht festhalten will. [4] Wer von der Einleitung eines Verfahrens über die Bestellung eines Betreuers für einen Volljährigen Kenntnis erlangt und ein Dokument besitzt, in dem der Volljährige für den Fall, dass für ihn ein Betreuer bestellt werden muss, Wünsche zur Auswahl des Betreuers oder zur Wahrnehmung der Betreuung geäußert hat (Betreuungsverfügung), hat die Betreuungsverfügung dem Betreuungsgericht zu übermitteln.
	(3) Schlägt der Volljährige niemanden vor, der zum Betreuer bestellt werden kann oder ist die gewünschte Person nicht geeignet, so sind bei der Auswahl des Betreuers die familiären Beziehungen des Volljährigen, insbesondere zum Ehegatten, zu Eltern und zu Kindern, seine persönlichen Bindungen sowie die Gefahr von Interessenkonflikten zu berücksichtigen.
	(4) Eine Person, die keine familiäre Beziehung oder persönliche Bindung zu dem Volljährigen hat, soll nur dann zum ehrenamtlichen Betreuer bestellt werden, wenn sie mit einem nach § 14 des Betreuungsorganisationsgesetzes anerkannten Betreuungsverein oder mit der zuständigen Behörde eine Vereinbarung über eine Begleitung und Unterstützung gemäß § 15 Absatz 1 Satz 1 Nummer 4 oder § 5 Absatz 2 Satz 3 des Betreuungsorganisationsgesetzes geschlossen hat.

BGB Stand 20.5.2021:	BGB ab 1.1.2023:

(5) [1] Ein beruflicher Betreuer nach § 19 Absatz 2 des Betreuungsorganisationsgesetzes soll nur dann zum Betreuer bestellt werden, wenn keine geeignete Person für die ehrenamtliche Führung der Betreuung zur Verfügung steht. [2] Bei der Entscheidung, ob ein bestimmter beruflicher Betreuer bestellt wird, sind die Anzahl und der Umfang der bereits von diesem zu führenden Betreuungen zu berücksichtigen.

(6) [1] Eine Person, die zu einem Träger von Einrichtungen oder Diensten, der in der Versorgung des Volljährigen tätig ist, in einem Abhängigkeitsverhältnis oder in einer anderen engen Beziehung steht, darf nicht zum Betreuer bestellt werden. [2] Dies gilt nicht, wenn im Einzelfall die konkrete Gefahr einer Interessenkollision nicht besteht.

§ 1817 Befreiung

(vgl. § 1860 BGB kF)

(1) [1] Das Familiengericht kann den Vormund auf dessen Antrag von den ihm nach den §§ 1806 bis 1816 obliegenden Verpflichtungen entbinden, soweit
1. der Umfang der Vermögensverwaltung dies rechtfertigt und
2. eine Gefährdung des Vermögens nicht zu besorgen ist.

[2] Die Voraussetzungen der Nummer 1 liegen im Regelfall vor, wenn der Wert des Vermögens ohne Berücksichtigung von Grundbesitz 6 000 Euro nicht übersteigt.

(2) Das Familiengericht kann aus besonderen Gründen den Vormund von den ihm nach den §§ 1814, 1816 obliegenden Verpflichtungen auch dann entbinden, wenn die Voraussetzungen des Absatzes 1 Nr. 1 nicht vorliegen.

§ 1817 Mehrere Betreuer; Verhinderungsbetreuer; Ergänzungsbetreuer

(1) [1] Das Betreuungsgericht kann mehrere Betreuer bestellen, wenn die Angelegenheiten des Betreuten hierdurch besser besorgt werden können. [2] In diesem Falle bestimmt es, welcher Betreuer mit welchem Aufgabenbereich betraut wird. [3] Mehrere berufliche Betreuer werden außer in den in den Absätzen 2, 4 und 5 geregelten Fällen nicht bestellt.

(2) Für die Entscheidung über die Einwilligung in eine Sterilisation des Betreuten ist stets ein besonderer Betreuer zu bestellen (Sterilisationsbetreuer).

(3) Sofern mehrere Betreuer mit demselben Aufgabenbereich betraut werden, können sie diese Angelegenheiten des Betreuten nur gemeinsam besorgen, es sei denn, dass das Betreuungsgericht etwas anderes bestimmt hat oder mit dem Aufschub Gefahr verbunden ist.

BGB Stand 20.5.2021:	*BGB ab 1.1.2023:*

(4) [1]Das Betreuungsgericht soll einen Verhinderungsbetreuer bestellen, der die Angelegenheiten des Betreuten zu besorgen hat, soweit der Betreuer aus tatsächlichen Gründen verhindert ist. [2]Für diesen Fall kann auch ein anerkannter Betreuungsverein zum Verhinderungsbetreuer bestellt werden, ohne dass die Voraussetzungen des § 1818 Absatz 1 Satz 1 vorliegen.

(5) Soweit ein Betreuer aus rechtlichen Gründen gehindert ist, einzelne Angelegenheiten des Betreuten zu besorgen, hat das Betreuungsgericht hierfür einen Ergänzungsbetreuer zu bestellen.

§ 1818 Anordnung der Hinterlegung

Das Familiengericht kann aus besonderen Gründen anordnen, dass der Vormund auch solche zu dem Vermögen des Mündels gehörende Wertpapiere, zu deren Hinterlegung er nach § 1814 nicht verpflichtet ist, sowie Kostbarkeiten des Mündels in der in § 1814 bezeichneten Weise zu hinterlegen hat; auf Antrag des Vormunds kann die Hinterlegung von Zins-, Renten- und Gewinnanteilscheinen angeordnet werden, auch wenn ein besonderer Grund nicht vorliegt.

(vgl. § 1844 BGB kF)

§ 1818 Betreuung durch Betreuungsverein oder Betreuungsbehörde

(1) [1]Das Betreuungsgericht bestellt einen anerkannten Betreuungsverein zum Betreuer, wenn der Volljährige dies wünscht, oder wenn er durch eine oder mehrere natürliche Personen nicht hinreichend betreut werden kann. [2]Die Bestellung bedarf der Einwilligung des Betreuungsvereins.

(2) [1]Der Betreuungsverein überträgt die Wahrnehmung der Betreuung einzelnen Personen. [2]Vorschlägen des Volljährigen hat er hierbei zu entsprechen, wenn nicht wichtige Gründe entgegenstehen. [3]Der Betreuungsverein teilt dem Betreuungsgericht alsbald, spätestens binnen zwei Wochen nach seiner Bestellung, mit, wem er die Wahrnehmung der Betreuung übertragen hat. [4]Die Sätze 2 und 3 gelten bei einem Wechsel der Person, die die Betreuung für den Betreuungsverein wahrnimmt, entsprechend.

(3) Werden dem Betreuungsverein Umstände bekannt, aus denen sich ergibt, dass der Volljährige durch eine oder mehrere natürliche Personen hinreichend betreut werden kann, so hat er dies dem Betreuungsgericht mitzuteilen.

(4) [1]Kann der Volljährige weder durch eine oder mehrere natürliche Personen noch durch einen Betreuungsverein hinreichend betreut werden, so bestellt das Betreuungsgericht die zuständige Betreuungsbehörde

BGB Stand 20.5.2021: | ***BGB ab 1.1.2023:***

zum Betreuer. ²Die Absätze 2 und 3 gelten entsprechend.

(5) Die Entscheidung über die Einwilligung in eine Sterilisation darf weder einem Betreuungsverein noch einer Betreuungsbehörde übertragen werden.

§ 1819 Genehmigung bei Hinterlegung

¹Solange die nach § 1814 oder nach § 1818 hinterlegten Wertpapiere oder Kostbarkeiten nicht zurückgenommen sind, bedarf der Vormund zu einer Verfügung über sie und, wenn Hypotheken-, Grundschuld- oder Rentenschuldbriefe hinterlegt sind, zu einer Verfügung über die Hypothekenforderung, die Grundschuld oder die Rentenschuld der Genehmigung des Familiengerichts. ²Das Gleiche gilt von der Eingehung der Verpflichtung zu einer solchen Verfügung.

§ 1819 Übernahmepflicht; weitere Bestellungsvoraussetzungen

(1) Die vom Betreuungsgericht ausgewählte Person ist verpflichtet, die Betreuung zu übernehmen, wenn ihr die Übernahme unter Berücksichtigung ihrer familiären, beruflichen und sonstigen Verhältnisse zugemutet werden kann.

(2) Die ausgewählte Person darf erst dann zum Betreuer bestellt werden, wenn sie sich zur Übernahme der Betreuung bereit erklärt hat.

(3) ¹Ein Mitarbeiter eines anerkannten Betreuungsvereins, der dort ausschließlich oder teilweise als Betreuer tätig ist (Vereinsbetreuer), darf nur mit Einwilligung des Betreuungsvereins bestellt werden. ²Entsprechendes gilt für den Mitarbeiter einer Betreuungsbehörde, der als Betreuer bestellt wird (Behördenbetreuer).

§ 1820 Genehmigung nach Umschreibung und Umwandlung

(1) Sind Inhaberpapiere nach § 1815 auf den Namen des Mündels umgeschrieben oder in Schuldbuchforderungen umgewandelt, so bedarf der Vormund auch zur Eingehung der Verpflichtung zu einer Verfügung über die sich aus der Umschreibung oder der Umwandlung ergebenden Stammforderungen der Genehmigung des Familiengerichts.

(2) Das Gleiche gilt, wenn bei einer Schuldbuchforderung des Mündels der im § 1816 bezeichnete Vermerk eingetragen ist.

§ 1820 Vorsorgevollmacht und Kontrollbetreuung

(1) ¹Wer von der Einleitung eines Verfahrens über die Bestellung eines Betreuers für einen Volljährigen Kenntnis erlangt und ein Dokument besitzt, in dem der Volljährige

BGB Stand 20.5.2021:	*BGB ab 1.1.2023:*

eine andere Person mit der Wahrnehmung seiner Angelegenheiten bevollmächtigt hat, hat das Betreuungsgericht hierüber unverzüglich zu unterrichten. [2]Das Betreuungsgericht kann die Vorlage einer Abschrift verlangen.

(2) Folgende Maßnahmen eines Bevollmächtigten setzen voraus, dass die Vollmacht schriftlich erteilt ist und diese Maßnahmen ausdrücklich umfasst:
1. **die Einwilligung sowie ihr Widerruf oder die Nichteinwilligung in Maßnahmen nach § 1829 Absatz 1 Satz 1 und Absatz 2,**
2. **die Unterbringung nach § 1831 und die Einwilligung in Maßnahmen nach § 1831 Absatz 4,**
3. **die Einwilligung in eine ärztliche Zwangsmaßnahme nach § 1832 und die Verbringung nach § 1832 Absatz 4.**

(3) Das Betreuungsgericht bestellt einen Kontrollbetreuer, wenn die Bestellung erforderlich ist, weil
1. **der Vollmachtgeber aufgrund einer Krankheit oder Behinderung nicht mehr in der Lage ist, seine Rechte gegenüber dem Bevollmächtigten auszuüben, und**
2. **aufgrund konkreter Anhaltspunkte davon auszugehen ist, dass der Bevollmächtigte die Angelegenheiten des Vollmachtgebers nicht entsprechend der Vereinbarung oder dem erklärten oder mutmaßlichen Willen des Vollmachtgebers besorgt.**

(4) [1]Das Betreuungsgericht kann anordnen, dass der Bevollmächtigte die ihm erteilte Vollmacht nicht ausüben darf und die Vollmachtsurkunde an den Betreuer herauszugeben hat, wenn
1. **die dringende Gefahr besteht, dass der Bevollmächtigte nicht den Wünschen des Vollmachtgebers entsprechend handelt und dadurch die Person des Vollmachtgebers oder dessen Vermögen erheblich gefährdet oder**
2. **der Bevollmächtigte den Betreuer bei der Wahrnehmung seiner Aufgaben behindert.**

[2]Liegen die Voraussetzungen des Satzes 1 nicht mehr vor, hat das Betreuungsgericht die Anordnung aufzuheben und den Betreuer zu verpflichten, dem Bevollmächtigten die Vollmachtsurkunde herauszugeben, wenn die Vollmacht nicht erloschen ist.

(5) [1]Der Betreuer darf eine Vollmacht oder einen Teil einer Vollmacht, die den Bevollmächtigten zu Maßnahmen der Personensorge oder zu Maßnahmen in wesentlichen Bereichen der Vermögenssorge ermächtigt, nur widerrufen, wenn das Festhalten an der Vollmacht eine künftige Verletzung der Person oder des Vermögens des Betreuten mit hin-

BGB Stand 20.5.2021:

BGB ab 1.1.2023:

reichender Wahrscheinlichkeit und in erheblicher Schwere befürchten lässt und mildere Maßnahmen nicht zur Abwehr eines Schadens für den Betreuten geeignet erscheinen. [2] Der Widerruf bedarf der Genehmigung des Betreuungsgerichts. [3] Mit der Genehmigung des Widerrufs einer Vollmacht kann das Betreuungsgericht die Herausgabe der Vollmachtsurkunde an den Betreuer anordnen.

§ 1821 Genehmigung für Geschäfte über Grundstücke, Schiffe oder Schiffsbauwerke

(vgl. § 1833 BGB kF)

(1) Der Vormund bedarf der Genehmigung des Familiengerichts:

(vgl. § 1850 BGB kF)

1. zur Verfügung über ein Grundstück oder über ein Recht an einem Grundstück;
2. zur Verfügung über eine Forderung, die auf Übertragung des Eigentums an einem Grundstück oder auf Begründung oder Übertragung eines Rechts an einem Grundstück oder auf Befreiung eines Grundstücks von einem solchen Recht gerichtet ist;
3. zur Verfügung über ein eingetragenes Schiff oder Schiffsbauwerk oder über eine Forderung, die auf Übertragung des Eigentums an einem eingetragenen Schiff oder Schiffsbauwerk gerichtet ist;
4. zur Eingehung einer Verpflichtung zu einer der in den Nummern 1 bis 3 bezeichneten Verfügungen;
5. zu einem Vertrag, der auf den entgeltlichen Erwerb eines Grundstücks, eines eingetragenen Schiffes oder Schiffsbauwerks oder eines Rechts an einem Grundstück gerichtet ist.

(2) Zu den Rechten an einem Grundstück im Sinne dieser Vorschriften gehören nicht Hypotheken, Grundschulden und Rentenschulden.

Untertitel 2. Führung der Betreuung

Kapitel 1. Allgemeine Vorschriften

§ 1821 Pflichten des Betreuers; Wünsche des Betreuten

(1) [1] Der Betreuer nimmt alle Tätigkeiten vor, die erforderlich sind, um die Angelegenheiten des Betreuten rechtlich zu besorgen. [2] Er unterstützt den Betreuten dabei, seine Angelegenheiten rechtlich selbst zu besorgen, und macht von seiner Vertretungsmacht nach § 1823 nur Gebrauch, soweit dies erforderlich ist.

(2) [1] Der Betreuer hat die Angelegenheiten des Betreuten so zu besorgen, dass dieser im Rahmen seiner Möglichkeiten sein Leben nach seinen Wünschen gestalten kann. [2] Hierzu hat der Betreuer die Wünsche des Betreuten festzustellen. [3] Diesen hat der Betreuer vorbehaltlich des Absatzes 3 zu entsprechen und den Betreuten bei deren Umsetzung rechtlich zu unterstützen. [4] Dies gilt auch für

BGB Stand 20.5.2021:	*BGB ab 1.1.2023:*
	die Wünsche, die der Betreute vor der Bestellung des Betreuers geäußert hat, es sei denn, dass er an diesen Wünschen erkennbar nicht festhalten will.
	(3) Den Wünschen des Betreuten hat der Betreuer nicht zu entsprechen, soweit **1. die Person des Betreuten oder dessen Vermögen hierdurch erheblich gefährdet würde und der Betreute diese Gefahr aufgrund seiner Krankheit oder Behinderung nicht erkennen oder nicht nach dieser Einsicht handeln kann oder** **2. dies dem Betreuer nicht zuzumuten ist.**
	(4) [1] Kann der Betreuer die Wünsche des Betreuten nicht feststellen oder darf er ihnen nach Absatz 3 Nummer 1 nicht entsprechen, hat er den mutmaßlichen Willen des Betreuten aufgrund konkreter Anhaltspunkte zu ermitteln und Geltung zu verschaffen. [2] Zu berücksichtigen sind insbesondere frühere Äußerungen, ethische oder religiöse Überzeugungen und sonstige persönliche Wertvorstellungen des Betreuten. [3] Bei der Feststellung des mutmaßlichen Willens soll nahen Angehörigen und sonstigen Vertrauenspersonen des Betreuten Gelegenheit zur Äußerung gegeben werden.
	(5) Der Betreuer hat den erforderlichen persönlichen Kontakt mit dem Betreuten zu halten, sich regelmäßig einen persönlichen Eindruck von ihm zu verschaffen und dessen Angelegenheiten mit ihm zu besprechen.
	(6) Der Betreuer hat innerhalb seines Aufgabenkreises dazu beizutragen, dass Möglichkeiten genutzt werden, die Fähigkeit des Betreuten, seine eigenen Angelegenheiten zu besorgen, wiederherzustellen oder zu verbessern.
§ 1822 Genehmigung für sonstige Geschäfte	
Der Vormund bedarf der Genehmigung des Familiengerichts:	
1. zu einem Rechtsgeschäft, durch das der Mündel zu einer Verfügung über sein Vermögen im Ganzen oder über eine ihm angefallene Erbschaft oder über seinen künftigen gesetzlichen Erbteil oder seinen künftigen Pflichtteil verpflichtet wird, sowie zu einer Verfügung über den Anteil des Mündels an einer Erbschaft,	*(vgl. § 1854 BGB kF)* *(vgl. § 1851 BGB kF)*
2. zur Ausschlagung einer Erbschaft oder eines Vermächtnisses, zum Verzicht auf einen Pflichtteil sowie zu einem Erbteilungsvertrag,	
3. zu einem Vertrag, der auf den entgeltlichen Erwerb oder die Veräußerung eines Erwerbsgeschäfts gerichtet ist, sowie zu einem Gesellschaftsvertrag, der zum Betrieb eines Erwerbsgeschäfts eingegangen wird,	*(vgl. § 1852 BGB kF)*

BGB Stand 20.5.2021:	***BGB ab 1.1.2023:***
4. zu einem Pachtvertrag über ein Landgut oder einen gewerblichen Betrieb,	*(vgl. § 1853 BGB kF)*
5. zu einem Miet- oder Pachtvertrag oder einem anderen Vertrag, durch den der Mündel zu wiederkehrenden Leistungen verpflichtet wird, wenn das Vertragsverhältnis länger als ein Jahr nach dem Eintritt der Volljährigkeit des Mündels fortdauern soll,	
6. zu einem Lehrvertrag, der für längere Zeit als ein Jahr geschlossen wird,	*(vgl. § 1795 BGB kF)*
7. zu einem auf die Eingehung eines Dienst- oder Arbeitsverhältnisses gerichteten Vertrag, wenn der Mündel zu persönlichen Leistungen für längere Zeit als ein Jahr verpflichtet werden soll,	
8. zur Aufnahme von Geld auf den Kredit des Mündels,	*(vgl. § 1854 BGB kF)*
9. zur Ausstellung einer Schuldverschreibung auf den Inhaber oder zur Eingehung einer Verbindlichkeit aus einem Wechsel oder einem anderen Papier, das durch Indossament übertragen werden kann,	
10. zur Übernahme einer fremden Verbindlichkeit, insbesondere zur Eingehung einer Bürgschaft,	
11. zur Erteilung einer Prokura,	*(vgl. § 1851 BGB kF)*
12. zu einem Vergleich oder einem Schiedsvertrag, es sei denn, dass der Gegenstand des Streites oder der Ungewissheit in Geld schätzbar ist und den Wert von 3 000 Euro nicht übersteigt oder der Vergleich einem schriftlichen oder protokollierten gerichtlichen Vergleichsvorschlag entspricht,	*(vgl. § 1854 BGB kF)*
13. zu einem Rechtsgeschäft, durch das die für eine Forderung des Mündels bestehende Sicherheit aufgehoben oder gemindert oder die Verpflichtung dazu begründet wird.	
	§ 1822 Auskunftspflicht gegenüber nahestehenden Angehörigen **Der Betreuer hat nahestehenden Angehörigen und sonstigen Vertrauenspersonen des Betreuten auf Verlangen Auskunft über dessen persönliche Lebensumstände zu erteilen, soweit dies einem nach § 1821 Absatz 2 bis 4 zu beachtenden Wunsch oder dem mutmaßlichen Willen des Betreuten entspricht und dem Betreuer zuzumuten ist.**
§ 1823 Genehmigung bei einem Erwerbsgeschäft des Mündels Der Vormund soll nicht ohne Genehmigung des Familiengerichts ein neues Erwerbsgeschäft im Namen des Mündels beginnen oder ein bestehendes Erwerbsgeschäft des Mündels auflösen.	*(vgl. § 1847 BGB kF)*

BGB Stand 20.5.2021:	BGB ab 1.1.2023:

§ 1823 Vertretungsmacht des Betreuers

In seinem Aufgabenkreis kann der Betreuer den Betreuten gerichtlich und außergerichtlich vertreten.

§ 1824 Genehmigung für die Überlassung von Gegenständen an den Mündel

Der Vormund kann Gegenstände, zu deren Veräußerung die Genehmigung des Gegenvormunds oder des Familiengerichts erforderlich ist, dem Mündel nicht ohne diese Genehmigung zur Erfüllung eines von diesem geschlossenen Vertrags oder zu freier Verfügung überlassen.

(entfällt)

§ 1824 Ausschluss der Vertretungsmacht

(1) Der Betreuer kann den Betreuten nicht vertreten:

1. bei einem Rechtsgeschäft zwischen seinem Ehegatten oder einem seiner Verwandten in gerader Linie einerseits und dem Betreuten andererseits, es sei denn, dass das Rechtsgeschäft ausschließlich in der Erfüllung einer Verbindlichkeit besteht,
2. bei einem Rechtsgeschäft, das die Übertragung oder Belastung einer durch Pfandrecht, Hypothek, Schiffshypothek oder Bürgschaft gesicherten Forderung des Betreuten gegen den Betreuer oder die Aufhebung oder Minderung dieser Sicherheit zum Gegenstand hat oder die Verpflichtung des Betreuten zu einer solchen Übertragung, Belastung, Aufhebung oder Minderung begründet,
3. bei einem Rechtsstreit zwischen den in Nummer 1 bezeichneten Personen sowie bei einem Rechtsstreit über eine Angelegenheit der in Nummer 2 bezeichneten Art.

(2) § 181 bleibt unberührt.

§ 1825 Allgemeine Ermächtigung

(1) Das Familiengericht kann dem Vormund zu Rechtsgeschäften, zu denen nach § 1812 die Genehmigung des Gegenvormunds erforderlich ist, sowie zu den in § 1822 Nr. 8 bis 10 bezeichneten Rechtsgeschäften eine allgemeine Ermächtigung erteilen.

(2) Die Ermächtigung soll nur erteilt werden, wenn sie zum Zwecke der Vermögensverwaltung, insbesondere zum Betrieb eines Erwerbsgeschäfts, erforderlich ist.

(vgl. § 1860 BGB kF)

§ 1825 Einwilligungsvorbehalt

(1) [1] Soweit dies zur Abwendung einer erheblichen Gefahr für die Person oder das Vermögen des Betreuten erforderlich ist, ordnet das Betreuungsgericht an, dass der Betreute zu einer Willenserklärung, die einen Aufgabenbereich des Betreuers betrifft, dessen Einwilligung bedarf (Einwilligungsvorbehalt). [2] Gegen den freien Willen des Volljäh-

BGB Stand 20.5.2021:	BGB ab 1.1.2023:
	rigen darf ein Einwilligungsvorbehalt nicht angeordnet werden. [3]Die §§ 108 bis 113, 131 Absatz 2 und § 210 gelten entsprechend. **(2) Ein Einwilligungsvorbehalt kann sich nicht erstrecken** **1. auf Willenserklärungen, die auf Eingehung einer Ehe gerichtet sind,** **2. auf Verfügungen von Todes wegen,** **3. auf die Anfechtung eines Erbvertrags,** **4. auf die Aufhebung eines Erbvertrags durch Vertrag und** **5. auf Willenserklärungen, zu denen ein beschränkt Geschäftsfähiger nach den Vorschriften dieses Buches und des Buches 5 nicht der Zustimmung seines gesetzlichen Vertreters bedarf.** **(3) [1]Ist ein Einwilligungsvorbehalt angeordnet, so bedarf der Betreute dennoch nicht der Einwilligung seines Betreuers, wenn die Willenserklärung dem Betreuten lediglich einen rechtlichen Vorteil bringt. [2]Soweit das Gericht nichts anderes anordnet, gilt dies auch, wenn die Willenserklärung eine geringfügige Angelegenheit des täglichen Lebens betrifft.** **(4) Auch für einen Minderjährigen, der das 17. Lebensjahr vollendet hat, kann das Betreuungsgericht einen Einwilligungsvorbehalt anordnen, wenn anzunehmen ist, dass ein solcher bei Eintritt der Volljährigkeit erforderlich wird.**
§ 1826 Anhörung des Gegenvormunds vor Erteilung der Genehmigung Das Familiengericht soll vor der Entscheidung über die zu einer Handlung des Vormunds erforderliche Genehmigung den Gegenvormund hören, sofern ein solcher vorhanden und die Anhörung tunlich ist.	
	§ 1826 Haftung des Betreuers **(1) [1]Der Betreuer ist dem Betreuten für den aus einer Pflichtverletzung entstehenden Schaden verantwortlich. [2]Dies gilt nicht, wenn der Betreuer die Pflichtverletzung nicht zu vertreten hat.** **(2) Sind für den Schaden mehrere Betreuer nebeneinander verantwortlich, so haften sie als Gesamtschuldner.** **(3) Ist ein Betreuungsverein als Betreuer bestellt, so ist er dem Betreuten für ein Verschulden des Mitglieds oder des Mitarbeiters in gleicher Weise verantwortlich wie für ein Verschulden eines verfassungsmäßig berufenen Vertreters.**

BGB Stand 20.5.2021:	*BGB ab 1.1.2023:*
	Kapitel 2. Personenangelegenheiten
§ 1827 (weggefallen)	**§ 1827 Patientenverfügung; Behandlungswünsche oder mutmaßlicher Wille des Betreuten** **(1) [1]Hat ein einwilligungsfähiger Volljähriger für den Fall seiner Einwilligungsunfähigkeit schriftlich festgelegt, ob er in bestimmte, zum Zeitpunkt der Festlegung noch nicht unmittelbar bevorstehende Untersuchungen seines Gesundheitszustands, Heilbehandlungen oder ärztliche Eingriffe einwilligt oder sie untersagt (Patientenverfügung), prüft der Betreuer, ob diese Festlegungen auf die aktuelle Lebens- und Behandlungssituation des Betreuten zutreffen. [2]Ist dies der Fall, hat der Betreuer dem Willen des Betreuten Ausdruck und Geltung zu verschaffen. [3]Eine Patientenverfügung kann jederzeit formlos widerrufen werden.** **(2) [1]Liegt keine Patientenverfügung vor oder treffen die Festlegungen einer Patientenverfügung nicht auf die aktuelle Lebens- und Behandlungssituation des Betreuten zu, hat der Betreuer die Behandlungswünsche oder den mutmaßlichen Willen des Betreuten festzustellen und auf dieser Grundlage zu entscheiden, ob er in eine ärztliche Maßnahme nach Absatz 1 einwilligt oder sie untersagt. [2]Der mutmaßliche Wille ist aufgrund konkreter Anhaltspunkte zu ermitteln. [3]Zu berücksichtigen sind insbesondere frühere Äußerungen, ethische oder religiöse Überzeugungen und sonstige persönliche Wertvorstellungen des Betreuten.** **(3) Die Absätze 1 und 2 gelten unabhängig von Art und Stadium einer Erkrankung des Betreuten.** **(4) Der Betreuer soll den Betreuten in geeigneten Fällen auf die Möglichkeit einer Patientenverfügung hinweisen und ihn auf dessen Wunsch bei der Errichtung einer Patientenverfügung unterstützen.** **(5) [1]Niemand kann zur Errichtung einer Patientenverfügung verpflichtet werden. [2]Die Errichtung oder Vorlage einer Patientenverfügung darf nicht zur Bedingung eines Vertragsschlusses gemacht werden.** **(6) Die Absätze 1 bis 3 gelten für Bevollmächtigte entsprechend.**
§ 1828 Erklärung der Genehmigung Das Familiengericht kann die Genehmigung zu einem Rechtsgeschäft nur dem Vormund gegenüber erklären.	*(vgl. § 1855 BGB kF)*
	§ 1828 Gespräch zur Feststellung des Patientenwillens **(1) [1]Der behandelnde Arzt prüft, welche ärztliche Maßnahme im Hinblick auf den Ge-**

BGB Stand 20.5.2021:

BGB ab 1.1.2023:

samtzustand und die Prognose des Patienten indiziert ist. [2]Er und der Betreuer erörtern diese Maßnahme unter Berücksichtigung des Patientenwillens als Grundlage für die nach § 1827 zu treffende Entscheidung.

(2) Bei der Feststellung des Patientenwillens nach § 1827 Absatz 1 oder der Behandlungswünsche oder des mutmaßlichen Willens nach § 1827 Absatz 2 soll nahen Angehörigen und sonstigen Vertrauenspersonen des Betreuten Gelegenheit zur Äußerung gegeben werden, sofern dies ohne erhebliche Verzögerung möglich ist.

(3) Die Absätze 1 und 2 gelten für Bevollmächtigte entsprechend.

§ 1829 Nachträgliche Genehmigung

(vgl. § 1856 BGB kF)

(1) [1]Schließt der Vormund einen Vertrag ohne die erforderliche Genehmigung des Familiengerichts, so hängt die Wirksamkeit des Vertrags von der nachträglichen Genehmigung des Familiengerichts ab. [2]Die Genehmigung sowie deren Verweigerung wird dem anderen Teil gegenüber erst wirksam, wenn sie ihm durch den Vormund mitgeteilt wird.

(2) Fordert der andere Teil den Vormund zur Mitteilung darüber auf, ob die Genehmigung erteilt sei, so kann die Mitteilung der Genehmigung nur bis zum Ablauf von vier Wochen nach dem Empfang der Aufforderung erfolgen; erfolgt sie nicht, so gilt die Genehmigung als verweigert.

(3) Ist der Mündel volljährig geworden, so tritt seine Genehmigung an die Stelle der Genehmigung des Familiengerichts.

(vgl. § 1800 BGB kF)

§ 1829 Genehmigung des Betreuungsgerichts bei ärztlichen Maßnahmen

(1) [1]Die Einwilligung des Betreuers in eine Untersuchung des Gesundheitszustands, eine Heilbehandlung oder einen ärztlichen Eingriff bedarf der Genehmigung des Betreuungsgerichts, wenn die begründete Gefahr besteht, dass der Betreute aufgrund der Maßnahme stirbt oder einen schweren und länger dauernden gesundheitlichen Schaden erleidet. [2]Ohne die Genehmigung darf die Maßnahme nur durchgeführt werden, wenn mit dem Aufschub Gefahr verbunden ist.

(2) Die Nichteinwilligung oder der Widerruf der Einwilligung des Betreuers in eine Untersuchung des Gesundheitszustands, eine Heilbehandlung oder einen ärztlichen Eingriff bedarf der Genehmigung des Betreuungsgerichts, wenn die Maßnahme medizinisch angezeigt ist und die begründete Gefahr besteht, dass der Betreute aufgrund des Unterbleibens oder des Abbruchs der Maßnahme stirbt oder einen schweren und länger dauernden gesundheitlichen Schaden erleidet.

BGB Stand 20.5.2021:	*BGB ab 1.1.2023:*
	(3) Die Genehmigung nach den Absätzen 1 und 2 ist zu erteilen, wenn die Einwilligung, die Nichteinwilligung oder der Widerruf der Einwilligung dem Willen des Betreuten entspricht. **(4) Eine Genehmigung nach den Absätzen 1 und 2 ist nicht erforderlich, wenn zwischen Betreuer und behandelndem Arzt Einvernehmen darüber besteht, dass die Erteilung, die Nichterteilung oder der Widerruf der Einwilligung dem nach § 1827 festgestellten Willen des Betreuten entspricht.** **(5) Die Absätze 1 bis 4 gelten nach Maßgabe des § 1820 Absatz 2 Nummer 1 für einen Bevollmächtigten entsprechend.**
§ 1830 Widerrufsrecht des Geschäftspartners Hat der Vormund dem anderen Teil gegenüber der Wahrheit zuwider die Genehmigung des Familiengerichts behauptet, so ist der andere Teil bis zur Mitteilung der nachträglichen Genehmigung des Familiengerichts zum Widerruf berechtigt, es sei denn, dass ihm das Fehlen der Genehmigung bei dem Abschluss des Vertrags bekannt war.	*(vgl. § 1857 BGB kF)*
	§ 1830 Sterilisation **(1) Die Einwilligung eines Sterilisationsbetreuers in eine Sterilisation des Betreuten, in die dieser nicht selbst einwilligen kann, ist nur zulässig, wenn** **1. die Sterilisation dem natürlichen Willen des Betreuten entspricht,** **2. der Betreute auf Dauer einwilligungsunfähig bleiben wird,** **3. anzunehmen ist, dass es ohne die Sterilisation zu einer Schwangerschaft kommen würde,** **4. infolge dieser Schwangerschaft eine Gefahr für das Leben oder die Gefahr einer schwerwiegenden Beeinträchtigung des körperlichen oder seelischen Gesundheitszustands der Schwangeren zu erwarten wäre, die nicht auf zumutbare Weise abgewendet werden könnte, und** **5. die Schwangerschaft nicht durch andere zumutbare Mittel verhindert werden kann.** **(2) [1] Die Einwilligung bedarf der Genehmigung des Betreuungsgerichts. [2] Die Sterilisation darf erst zwei Wochen nach Wirksamkeit der Genehmigung durchgeführt werden. [3] Bei der Sterilisation ist stets der Methode der Vorzug zu geben, die eine Refertilisierung zulässt.**
§ 1831 Einseitiges Rechtsgeschäft ohne Genehmigung [1] Ein einseitiges Rechtsgeschäft, das der Vormund ohne die erforderliche Genehmigung des Familiengerichts vornimmt, ist unwirksam. [2] Nimmt der Vormund mit dieser Genehmigung	*(vgl. § 1858 BGB kF)*

BGB Stand 20.5.2021:

ein solches Rechtsgeschäft einem anderen gegenüber vor, so ist das Rechtsgeschäft unwirksam, wenn der Vormund die Genehmigung nicht vorlegt und der andere das Rechtsgeschäft aus diesem Grunde unverzüglich zurückweist.

§ 1832 Genehmigung des Gegenvormunds

Soweit der Vormund zu einem Rechtsgeschäft der Genehmigung des Gegenvormunds bedarf, finden die Vorschriften der §§ 1828 bis 1831 entsprechende Anwendung; abweichend von § 1829 Abs. 2 beträgt die Frist für die Mitteilung der Genehmigung des Gegenvormunds zwei Wochen.

BGB ab 1.1.2023:

§ 1831 Freiheitsentziehende Unterbringung und freiheitsentziehende Maßnahmen

(1) Eine Unterbringung des Betreuten durch den Betreuer, die mit Freiheitsentziehung verbunden ist, ist nur zulässig, solange sie erforderlich ist, weil

1. **aufgrund einer psychischen Krankheit oder geistigen oder seelischen Behinderung des Betreuten die Gefahr besteht, dass er sich selbst tötet oder erheblichen gesundheitlichen Schaden zufügt, oder**
2. **zur Abwendung eines drohenden erheblichen gesundheitlichen Schadens eine Untersuchung des Gesundheitszustands, eine Heilbehandlung oder ein ärztlicher Eingriff notwendig ist, die Maßnahme ohne die Unterbringung des Betreuten nicht durchgeführt werden kann und der Betreute aufgrund einer psychischen Krankheit oder geistigen oder seelischen Behinderung die Notwendigkeit der Unterbringung nicht erkennen oder nicht nach dieser Einsicht handeln kann.**

(2) [1] Die Unterbringung ist nur mit Genehmigung des Betreuungsgerichts zulässig. [2] Ohne die Genehmigung ist die Unterbringung nur zulässig, wenn mit dem Aufschub Gefahr verbunden ist; die Genehmigung ist unverzüglich nachzuholen.

(3) [1] Der Betreuer hat die Unterbringung zu beenden, wenn ihre Voraussetzungen weggefallen sind. [2] Er hat die Beendigung der Unterbringung dem Betreuungsgericht unverzüglich anzuzeigen.

(4) Die Absätze 1 bis 3 gelten entsprechend, wenn dem Betreuten, der sich in einem Krankenhaus, einem Heim oder einer sonstigen Einrichtung aufhält, durch mechanische Vorrichtungen, Medikamente oder auf andere Weise über einen längeren Zeitraum oder regelmäßig die Freiheit entzogen werden soll.

(5) Die Absätze 1 bis 4 gelten nach Maßgabe des § 1820 Absatz 2 Nummer 2 für einen Bevollmächtigten entsprechend.

BGB Stand 20.5.2021:	*BGB ab 1.1.2023:*

§ 1832 Ärztliche Zwangsmaßnahmen

(1) [1] Widerspricht eine Untersuchung des Gesundheitszustands, eine Heilbehandlung oder ein ärztlicher Eingriff dem natürlichen Willen des Betreuten (ärztliche Zwangsmaßnahme), so kann der Betreuer in die ärztliche Zwangsmaßnahme nur einwilligen, wenn

1. die ärztliche Zwangsmaßnahme notwendig ist, um einen drohenden erheblichen gesundheitlichen Schaden vom Betreuten abzuwenden,
2. der Betreute aufgrund einer psychischen Krankheit oder einer geistigen oder seelischen Behinderung die Notwendigkeit der ärztlichen Maßnahme nicht erkennen oder nicht nach dieser Einsicht handeln kann,
3. die ärztliche Zwangsmaßnahme dem nach § 1827 zu beachtenden Willen des Betreuten entspricht,
4. zuvor ernsthaft, mit dem nötigen Zeitaufwand und ohne Ausübung unzulässigen Drucks versucht wurde, den Betreuten von der Notwendigkeit der ärztlichen Maßnahme zu überzeugen,
5. der drohende erhebliche gesundheitliche Schaden durch keine andere den Betreuten weniger belastende Maßnahme abgewendet werden kann,
6. der zu erwartende Nutzen der ärztlichen Zwangsmaßnahme die zu erwartenden Beeinträchtigungen deutlich überwiegt und
7. die ärztliche Zwangsmaßnahme im Rahmen eines stationären Aufenthalts in einem Krankenhaus, in dem die gebotene medizinische Versorgung des Betreuten einschließlich einer erforderlichen Nachbehandlung sichergestellt ist, durchgeführt wird.

[2] § 1867 ist nur anwendbar, wenn der Betreuer an der Erfüllung seiner Pflichten verhindert ist.

(2) Die Einwilligung in die ärztliche Zwangsmaßnahme bedarf der Genehmigung des Betreuungsgerichts.

(3) [1] Der Betreuer hat die Einwilligung in die ärztliche Zwangsmaßnahme zu widerrufen, wenn ihre Voraussetzungen weggefallen sind. [2] Er hat den Widerruf dem Betreuungsgericht unverzüglich anzuzeigen.

(4) Kommt eine ärztliche Zwangsmaßnahme in Betracht, so gilt für die Verbringung des Betreuten gegen seinen natürlichen Willen zu einem stationären Aufenthalt in ein Krankenhaus § 1831 Absatz 1 Nummer 2, Absatz 2 und 3 Satz 1 entsprechend.

(5) Die Absätze 1 bis 4 gelten nach Maßgabe des § 1820 Absatz 2 Nummer 3 für einen Bevollmächtigten entsprechend.

BGB Stand 20.5.2021:

§ 1833 Haftung des Vormunds

(1) [1]Der Vormund ist dem Mündel für den aus einer Pflichtverletzung entstehenden Schaden verantwortlich, wenn ihm ein Verschulden zur Last fällt. [2]Das Gleiche gilt von dem Gegenvormund.

(2) [1]Sind für den Schaden mehrere nebeneinander verantwortlich, so haften sie als Gesamtschuldner. [2]Ist neben dem Vormund für den von diesem verursachten Schaden der Gegenvormund oder ein Mitvormund nur wegen Verletzung seiner Aufsichtspflicht verantwortlich, so ist in ihrem Verhältnis zueinander der Vormund allein verpflichtet.

§ 1834 Verzinsungspflicht

Verwendet der Vormund Geld des Mündels für sich, so hat er es von der Zeit der Verwendung an zu verzinsen.

BGB ab 1.1.2023:

(vgl. § 1826 BGB kF)

(vgl. § 1794 BGB kF)

(vgl. § 1826 BGB kF)

§ 1833 Aufgabe von Wohnraum des Betreuten

(1) [1]Eine Aufgabe von Wohnraum, der vom Betreuten selbst genutzt wird, durch den Betreuer ist nur nach Maßgabe des § 1821 Absatz 2 bis 4 zulässig. [2]Eine Gefährdung im Sinne des § 1821 Absatz 3 Nummer 1 liegt insbesondere dann vor, wenn eine Finanzierung des Wohnraums trotz Ausschöpfung aller dem Betreuten zur Verfügung stehenden Ressourcen nicht möglich ist oder eine häusliche Versorgung trotz umfassender Zuhilfenahme aller ambulanten Dienste zu einer erheblichen gesundheitlichen Gefährdung des Betreuten führen würde.

(2) [1]Beabsichtigt der Betreuer, vom Betreuten selbst genutzten Wohnraum aufzugeben, so hat er dies unter Angabe der Gründe und der Sichtweise des Betreuten dem Betreuungsgericht unverzüglich anzuzeigen. [2]Ist mit einer Aufgabe des Wohnraums aus anderen Gründen zu rechnen, so hat der Betreuer auch dies sowie die von ihm beabsichtigten Maßnahmen dem Betreuungsgericht unverzüglich anzuzeigen, wenn sein Aufgabenkreis die entsprechende Angelegenheit umfasst.

(3) [1]Der Betreuer bedarf bei vom Betreuten selbst genutzten Wohnraum der Genehmigung des Betreuungsgerichts
1. zur Kündigung des Mietverhältnisses,
2. zu einer Willenserklärung, die auf die Aufhebung des Mietverhältnisses gerichtet ist,
3. zur Vermietung solchen Wohnraums und
4. zur Verfügung über ein Grundstück oder über ein Recht an einem Grundstück, sofern dies mit der Aufgabe des Wohnraums verbunden ist.

[2]Die §§ 1855 bis 1858 gelten entsprechend.

BGB Stand 20.5.2021:	*BGB ab 1.1.2023:*

§ 1834 Bestimmung des Umgangs und des Aufenthalts des Betreuten

(1) Den Umgang des Betreuten mit anderen Personen darf der Betreuer mit Wirkung für und gegen Dritte nur bestimmen, wenn der Betreute dies wünscht oder ihm eine konkrete Gefährdung im Sinne des § 1821 Absatz 3 Nummer 1 droht.

(2) Die Bestimmung des Aufenthalts umfasst das Recht, den Aufenthalt des Betreuten auch mit Wirkung für und gegen Dritte zu bestimmen und, falls erforderlich, die Herausgabe des Betreuten zu verlangen.

(3) Über Streitigkeiten, die eine Angelegenheit nach Absatz 1 oder 2 betreffen, entscheidet das Betreuungsgericht auf Antrag.

§ 1835 Aufwendungsersatz

(vgl. § 1877 BGB kF)

(1) [1] Macht der Vormund zum Zwecke der Führung der Vormundschaft Aufwendungen, so kann er nach den für den Auftrag geltenden Vorschriften der §§ 669, 670 von dem Mündel Vorschuss oder Ersatz verlangen; für den Ersatz von Fahrtkosten gilt die in § 5 des Justizvergütungs- und -entschädigungsgesetzes für Sachverständige getroffene Regelung entsprechend. [2] Das gleiche Recht steht dem Gegenvormund zu. [3] Ersatzansprüche erlöschen, wenn sie nicht binnen 15 Monaten nach ihrer Entstehung gerichtlich geltend gemacht werden; die Geltendmachung des Anspruchs beim Familiengericht gilt dabei auch als Geltendmachung gegenüber dem Mündel.

(1a) [1] Das Familiengericht kann eine von Absatz 1 Satz 3 abweichende Frist von mindestens zwei Monaten bestimmen. [2] In der Fristbestimmung ist über die Folgen der Versäumung der Frist zu belehren. [3] Die Frist kann auf Antrag vom Familiengericht verlängert werden. [4] Der Anspruch erlischt, soweit er nicht innerhalb der Frist beziffert wird.

(2) [1] Aufwendungen sind auch die Kosten einer angemessenen Versicherung gegen Schäden, die dem Mündel durch den Vormund oder Gegenvormund zugefügt werden können oder die dem Vormund oder Gegenvormund dadurch entstehen können, dass er einem Dritten zum Ersatz eines durch die Führung der Vormundschaft verursachten Schadens verpflichtet ist; dies gilt nicht für die Kosten der Haftpflichtversicherung des Halters eines Kraftfahrzeugs. [2] Satz 1 ist nicht anzuwenden, wenn der Vormund oder Gegenvormund eine Vergütung nach § 1836 Abs. 1 Satz 2 in Verbindung mit dem Vormünder- und Betreuervergütungsgesetz erhält.

(3) Als Aufwendungen gelten auch solche Dienste des Vormunds oder des Gegenvormunds, die zu seinem Gewerbe oder seinem Beruf gehören.

(vgl. § 1879 BGB kF)

BGB Stand 20.5.2021:

(4) [1]Ist der Mündel mittellos, so kann der Vormund Vorschuss und Ersatz aus der Staatskasse verlangen. [2]Absatz 1 Satz 3 und Absatz 1a gelten entsprechend.

(5) [1]Das Jugendamt oder ein Verein kann als Vormund oder Gegenvormund für Aufwendungen keinen Vorschuss und Ersatz nur insoweit verlangen, als das einzusetzende Einkommen und Vermögen des Mündels ausreicht. [2]Allgemeine Verwaltungskosten einschließlich der Kosten nach Absatz 2 werden nicht ersetzt.

BGB ab 1.1.2023:

Kapitel 3. Vermögensangelegenheiten

Unterkapitel 1. Allgemeine Vorschriften

§ 1835 Vermögensverzeichnis

(1) [1]Soweit die Verwaltung des Vermögens des Betreuten zum Aufgabenkreis des Betreuers gehört, hat er zum Zeitpunkt seiner Bestellung ein Verzeichnis über das Vermögen des Betreuten zu erstellen und dieses dem Betreuungsgericht mit der Versicherung der Richtigkeit und Vollständigkeit einzureichen. [2]Das Vermögensverzeichnis soll auch Angaben zu den regelmäßigen Einnahmen und Ausgaben des Betreuten enthalten. [3]Der Betreuer hat das Vermögensverzeichnis um dasjenige Vermögen zu ergänzen, das der Betreute später hinzuerwirbt. [4]Mehrere Betreuer haben das Vermögensverzeichnis gemeinsam zu erstellen, soweit sie das Vermögen gemeinsam verwalten.

(2) Der Betreuer hat seine Angaben im Vermögensverzeichnis in geeigneter Weise zu belegen.

(3) Soweit es für die ordnungsgemäße Erstellung des Vermögensverzeichnisses erforderlich und mit Rücksicht auf das Vermögen des Betreuten angemessen ist, kann der Betreuer die zuständige Betreuungsbehörde, einen zuständigen Beamten, einen Notar oder einen Sachverständigen zur Erstellung des Verzeichnisses hinzuziehen.

(4) [1]Bestehen nach den Umständen des Einzelfalls konkrete Anhaltspunkte dafür, dass die Kontrolle der Richtigkeit und Vollständigkeit des Vermögensverzeichnisses durch eine dritte Person zum Schutz des Vermögens des Betreuten oder zur Vermeidung von Rechtsstreitigkeiten erforderlich ist, kann das Betreuungsgericht eine dritte Person als Zeuge bei der Erstellung des Vermögensverzeichnisses, insbesondere bei einer Inaugenscheinnahme von Vermögensgegenständen, hinzuziehen. [2]Für die Erstattung der Aufwendungen der dritten Person sind die Vorschriften über die Entschädigung von Zeugen nach dem Justizvergütungs- und -entschädigungsgesetz anzuwenden. [3]Der Betreuer hat der dritten Person die Wahrnehmung ihrer Aufgaben zu ermöglichen. [4]Die dritte Person

BGB Stand 20.5.2021:	*BGB ab 1.1.2023:*
	hat dem Betreuungsgericht über die Erstellung des Vermögensverzeichnisses und insbesondere das Ergebnis der Inaugenscheinnahme zu berichten.
	(5) Ist das eingereichte Vermögensverzeichnis ungenügend, so kann das Betreuungsgericht anordnen, dass das Vermögensverzeichnis durch die zuständige Betreuungsbehörde oder einen Notar aufgenommen wird.
	(6) Das Betreuungsgericht hat das Vermögensverzeichnis dem Betreuten zur Kenntnis zu geben, es sei denn, dadurch sind erhebliche Nachteile für dessen Gesundheit zu besorgen oder er ist offensichtlich nicht in der Lage, das Vermögensverzeichnis zur Kenntnis zu nehmen.
§ 1835a Aufwandsentschädigung	*(vgl. § 1878 BGB kF)*
(1) [1] Zur Abgeltung seines Anspruchs auf Aufwendungsersatz kann der Vormund als Aufwandsentschädigung für jede Vormundschaft, für die ihm keine Vergütung zusteht, einen Geldbetrag verlangen, der für ein Jahr dem Sechzehnfachen dessen entspricht, was einem Zeugen als Höchstbetrag der Entschädigung für eine Stunde versäumter Arbeitszeit (§ 22 des Justizvergütungs- und -entschädigungsgesetzes) gewährt werden kann (Aufwandsentschädigung). [2] Hat der Vormund für solche Aufwendungen bereits Vorschuss oder Ersatz erhalten, so verringert sich die Aufwandsentschädigung entsprechend.	
(2) Die Aufwandsentschädigung ist jährlich zu zahlen, erstmals ein Jahr nach Bestellung des Vormunds.	
(3) Ist der Mündel mittellos, so kann der Vormund die Aufwandsentschädigung aus der Staatskasse verlangen; Unterhaltsansprüche des Mündels gegen den Vormund sind insoweit bei der Bestimmung des Einkommens nach § 1836c Nr. 1 nicht zu berücksichtigen.	*(vgl. § 1879 BGB kF)*
(4) Der Anspruch auf Aufwandsentschädigung erlischt, wenn er nicht binnen drei Monaten nach Ablauf des Jahres, in dem der Anspruch entsteht, geltend gemacht wird; die Geltendmachung des Anspruchs beim Familiengericht gilt auch als Geltendmachung gegenüber dem Mündel.	
(5) Dem Jugendamt oder einem Verein kann keine Aufwandsentschädigung gewährt werden.	
§ 1836 Vergütung des Vormunds	*(entfällt)*
(1) [1] Die Vormundschaft wird unentgeltlich geführt. [2] Sie wird ausnahmsweise entgeltlich geführt, wenn das Gericht bei der Bestellung des Vormunds feststellt, dass der Vormund die Vormundschaft berufsmäßig führt. [3] Das Nähere regelt das Vormünder- und Betreuervergütungsgesetz.	*(vgl. §§ 1808, 1876, 1880 BGB kF)*
(2) Trifft das Gericht keine Feststellung nach Absatz 1 Satz 2, so kann es dem Vormund und aus besonderen Gründen auch dem Gegenvormund	

BGB Stand 20.5.2021:

gleichwohl eine angemessene Vergütung bewilligen, soweit der Umfang oder die Schwierigkeit der vormundschaftlichen Geschäfte dies rechtfertigen; dies gilt nicht, wenn der Mündel mittellos ist.

(3) Dem Jugendamt oder einem Verein kann keine Vergütung bewilligt werden.

§§ 1836a, 1836b *(aufgehoben)*

§ 1836c Einzusetzende Mittel des Mündels

Der Mündel hat einzusetzen:

1. nach Maßgabe des § 87 des Zwölften Buches Sozialgesetzbuch sein Einkommen, soweit es zusammen mit dem Einkommen seines nicht getrennt lebenden Ehegatten oder Lebenspartners die nach den §§ 82, 85 Abs. 1 und § 86 des Zwölften Buches Sozialgesetzbuch maßgebende Einkommensgrenze für die Hilfe nach dem Fünften bis Neunten Kapitel des Zwölften Buches Sozialgesetzbuch übersteigt. Wird im Einzelfall der Einsatz eines Teils des Einkommens zur Deckung eines bestimmten Bedarfs im Rahmen der Hilfe nach dem Fünften bis Neunten Kapitel des Zwölften Buches Sozialgesetzbuch zugemutet oder verlangt, darf dieser Teil des Einkommens bei der Prüfung, inwieweit der Einsatz des Einkommens zur Deckung der Kosten der Vormundschaft einzusetzen ist, nicht mehr berücksichtigt werden. Als Einkommen gelten auch Unterhaltsansprüche sowie die wegen Entziehung einer solchen Forderung zu entrichtenden Renten;

BGB ab 1.1.2023:

§ 1836 Trennungsgebot; Verwendung des Vermögens für den Betreuer

(1) [1]Der Betreuer hat das Vermögen des Betreuten getrennt von seinem eigenen Vermögen zu halten. [2]Dies gilt nicht für das bei Bestellung des Betreuers bestehende und das während der Betreuung hinzukommende gemeinschaftliche Vermögen des Betreuers und des Betreuten, wenn das Betreuungsgericht nichts anderes anordnet.

(2) [1]Der Betreuer darf das Vermögen des Betreuten nicht für sich verwenden. [2]Dies gilt nicht, wenn die Betreuung ehrenamtlich geführt wird und zwischen dem Betreuten und dem Betreuer eine Vereinbarung über die Verwendung getroffen wurde. [3]Verwendungen nach Satz 2 sind unter Darlegung der Vereinbarung dem Betreuungsgericht anzuzeigen.

(3) Absatz 2 Satz 1 gilt nicht für Haushaltsgegenstände und das Verfügungsgeld im Sinne des § 1839, wenn der Betreuer mit dem Betreuten einen gemeinsamen Haushalt führt oder geführt hat und die Verwendung dem Wunsch oder mutmaßlichen Willen des Betreuten entspricht.

(vgl. § 1880 BGB kF)

BGB Stand 20.5.2021:	***BGB ab 1.1.2023:***

2. sein Vermögen nach Maßgabe des § 90 des Zwölften Buches Sozialgesetzbuch.

§ 1836d Mittellosigkeit des Mündels

Der Mündel gilt als mittellos, wenn er den Aufwendungsersatz oder die Vergütung aus seinem einzusetzenden Einkommen oder Vermögen
1. nicht oder nur zum Teil oder nur in Raten oder
2. nur im Wege gerichtlicher Geltendmachung von Unterhaltsansprüchen

aufbringen kann.

§ 1836e Gesetzlicher Forderungsübergang

(vgl. § 1881 BGB kF)

(1) [1]Soweit die Staatskasse den Vormund oder Gegenvormund befriedigt, gehen Ansprüche des Vormundes oder Gegenvormunds gegen den Mündel auf die Staatskasse über. [2]Nach dem Tode des Mündels haftet sein Erbe nur mit dem Wert des im Zeitpunkt des Erbfalls vorhandenen Nachlasses; § 102 Abs. 3 und 4 des Zwölften Buches Sozialgesetzbuch gilt entsprechend, § 1836c findet auf den Erben keine Anwendung.

(2) Soweit Ansprüche gemäß § 1836c Nr. 1 Satz 3 einzusetzen sind, findet zugunsten der Staatskasse § 850b der Zivilprozessordnung keine Anwendung.

Untertitel 3. Fürsorge und Aufsicht des Familiengerichts

§ 1837 Beratung und Aufsicht

(vgl. § 1802 BGB kF)

(1) [1]Das Familiengericht berät die Vormünder. [2]Es wirkt dabei mit, sie in ihre Aufgaben einzuführen.

(vgl. § 1861 BGB kF)

(2) [1]Das Familiengericht hat über die gesamte Tätigkeit des Vormunds und des Gegenvormunds die Aufsicht zu führen und gegen Pflichtwidrigkeiten durch geeignete Gebote und Verbote einzuschreiten. [2]Es hat insbesondere die Einhaltung der erforderlichen persönlichen Kontakte des Vormunds zu dem Mündel zu beaufsichtigen. [3]Es kann dem Vormund und dem Gegenvormund aufgeben, eine Versicherung gegen Schäden, die sie dem Mündel zufügen können, einzugehen.

(vgl. § 1862 BGB kF)

(3) [1]Das Familiengericht kann den Vormund und den Gegenvormund zur Befolgung seiner Anordnungen durch Festsetzung von Zwangsgeld anhalten. [2]Gegen das Jugendamt oder einen Verein wird kein Zwangsgeld festgesetzt.

(4) §§ 1666, 1666a und 1696 gelten entsprechend.

§ 1837 Vermögensverwaltung durch den Betreuer bei Erbschaft und Schenkung

(1) Der Betreuer hat das Vermögen des Betreuten, das dieser von Todes wegen erwirbt, das ihm unentgeltlich durch Zuwendung auf den Todesfall oder unter Lebenden von einem Dritten zugewendet wird, nach den Anordnungen des Erblassers oder des Zuwenden-

BGB Stand 20.5.2021:	*BGB ab 1.1.2023:*
	den, soweit diese sich an den Betreuer richten, zu verwalten, wenn die Anordnungen von dem Erblasser durch letztwillige Verfügung oder von dem Dritten bei der Zuwendung getroffen worden sind.
	(2) [1] Das Betreuungsgericht kann die Anordnungen des Erblassers oder des Zuwendenden aufheben, wenn ihre Befolgung das Vermögen des Betreuten erheblich gefährden würde. [2] Solange der Zuwendende lebt, ist zu einer Abweichung von den Anordnungen seine Zustimmung erforderlich und genügend. [3] Ist er zur Abgabe einer Erklärung dauerhaft außerstande oder ist sein Aufenthalt dauerhaft unbekannt, so kann das Betreuungsgericht unter Beachtung der Voraussetzungen von Satz 1 die Zustimmung ersetzen.
	Unterkapitel 2. Verwaltung von Geld, Wertpapieren und Wertgegenständen
§ 1838 (weggefallen)	**§ 1838 Pflichten des Betreuers in Vermögensangelegenheiten**
	(1) [1] Der Betreuer hat die Vermögensangelegenheiten des Betreuten nach Maßgabe des § 1821 wahrzunehmen. [2] Es wird vermutet, dass eine Wahrnehmung der Vermögensangelegenheiten nach den §§ 1839 bis 1843 dem mutmaßlichen Willen des Betreuten nach § 1821 Absatz 4 entspricht, wenn keine hinreichenden konkreten Anhaltspunkte für einen hiervon abweichenden mutmaßlichen Willen bestehen.
	(2) [1] Soweit die nach Absatz 1 Satz 1 gebotene Wahrnehmung der Vermögensangelegenheiten von den in den §§ 1839 bis 1843 festgelegten Grundsätzen abweicht, hat der Betreuer dies dem Betreuungsgericht unverzüglich unter Darlegung der Wünsche des Betreuten anzuzeigen. [2] Das Betreuungsgericht kann die Anwendung der §§ 1839 bis 1843 oder einzelner Vorschriften ausdrücklich anordnen, wenn andernfalls eine Gefährdung im Sinne des § 1821 Absatz 3 Nummer 1 zu besorgen wäre.
§ 1839 Auskunftspflicht des Vormunds	*(vgl. § 1863 BGB kF)*
Der Vormund sowie der Gegenvormund hat dem Familiengericht auf Verlangen jederzeit über die Führung der Vormundschaft und über die persönlichen Verhältnisse des Mündels Auskunft zu erteilen.	
	§ 1839 Bereithaltung von Verfügungsgeld
	(1) [1] Geld des Betreuten, das der Betreuer für dessen Ausgaben benötigt (Verfügungsgeld), hat er auf einem Girokonto des Betreuten bei einem Kreditinstitut bereitzuhalten. [2] Ausgenommen ist Bargeld im Sinne § 1840 Absatz 2.

BGB Stand 20.5.2021:	*BGB ab 1.1.2023:*
	(2) Absatz 1 steht einer Bereithaltung von Verfügungsgeld auf einem gesonderten zur verzinslichen Anlage geeigneten Konto des Betreuten im Sinne von § 1841 Absatz 2 nicht entgegen.
§ 1840 Bericht und Rechnungslegung	
(1) [1]Der Vormund hat über die persönlichen Verhältnisse des Mündels dem Familiengericht mindestens einmal jährlich zu berichten. [2]Der Bericht hat auch Angaben zu den persönlichen Kontakten des Vormunds zu dem Mündel zu enthalten.	*(vgl. § 1863 BGB kF)*
(2) Der Vormund hat über seine Vermögensverwaltung dem Familiengericht Rechnung zu legen.	*(vgl. § 1865 BGB kF)*
(3) [1]Die Rechnung ist jährlich zu legen. [2]Das Rechnungsjahr wird von dem Familiengericht bestimmt.	
(4) Ist die Verwaltung von geringem Umfang, so kann das Familiengericht, nachdem die Rechnung für das erste Jahr gelegt worden ist, anordnen, dass die Rechnung für längere, höchstens dreijährige Zeitabschnitte zu legen ist.	
	§ 1840 Bargeldloser Zahlungsverkehr
	(1) Der Betreuer hat den Zahlungsverkehr für den Betreuten bargeldlos unter Verwendung des gemäß § 1839 Absatz 1 Satz 1 zu unterhaltenden Girokontos durchzuführen.
	(2) Von Absatz 1 sind ausgenommen 1. im Geschäftsverkehr übliche Barzahlungen und 2. Auszahlungen an den Betreuten.
§ 1841 Inhalt der Rechnungslegung	*(vgl. § 1865 BGB kF)*
(1) Die Rechnung soll eine geordnete Zusammenstellung der Einnahmen und Ausgaben enthalten, über den Ab- und Zugang des Vermögens Auskunft geben und, soweit Belege erteilt zu werden pflegen, mit Belegen versehen sein.	
(2) [1]Wird ein Erwerbsgeschäft mit kaufmännischer Buchführung betrieben, so genügt als Rechnung ein aus den Büchern gezogener Jahresabschluss. [2]Das Familiengericht kann jedoch die Vorlegung der Bücher und sonstigen Belege verlangen.	
	§ 1841 Anlagepflicht
	(1) Geld des Betreuten, das nicht für Ausgaben nach § 1839 benötigt wird, hat der Betreuer anzulegen (Anlagegeld).
	(2) Der Betreuer soll das Anlagegeld auf einem zur verzinslichen Anlage geeigneten Konto des Betreuten bei einem Kreditinstitut (Anlagekonto) anlegen.
§ 1842 Mitwirkung des Gegenvormunds	
[1]Ist ein Gegenvormund vorhanden oder zu bestellen, so hat ihm der Vormund die Rechnung	

BGB Stand 20.5.2021:

unter Nachweisung des Vermögensbestands vorzulegen. [2]Der Gegenvormund hat die Rechnung mit den Bemerkungen zu versehen, zu denen die Prüfung ihm Anlass gibt.

§ 1843 Prüfung durch das Familiengericht

(1) Das Familiengericht hat die Rechnung rechnungsmäßig und sachlich zu prüfen und, soweit erforderlich, ihre Berichtigung und Ergänzung herbeizuführen.

(2) Ansprüche, die zwischen dem Vormund und dem Mündel streitig bleiben, können schon vor der Beendigung des Vormundschaftsverhältnisses im Rechtsweg geltend gemacht werden.

§ 1844 (weggefallen)

§ 1845 *(aufgehoben)*

BGB ab 1.1.2023:

§ 1842 Voraussetzungen für das Kreditinstitut

Das Kreditinstitut muss bei Anlagen nach den §§ 1839 und 1841 Absatz 2 einer für die jeweilige Anlage ausreichenden Sicherungseinrichtung angehören.

(vgl. § 1866 BGB kF)

§ 1843 Depotverwahrung und Hinterlegung von Wertpapieren

(1) Der Betreuer hat Wertpapiere des Betreuten im Sinne des § 1 Absatz 1 und 2 des Depotgesetzes bei einem Kreditinstitut in Einzel- oder Sammelverwahrung verwahren zu lassen.

(2) Sonstige Wertpapiere des Betreuten hat der Betreuer in einem Schließfach eines Kreditinstituts zu hinterlegen.

(3) Die Pflicht zur Depotverwahrung oder zur Hinterlegung besteht nicht, wenn diese nach den Umständen des Einzelfalls unter Berücksichtigung der Art der Wertpapiere zur Sicherung des Vermögens des Betreuten nicht geboten ist.

§ 1844 Hinterlegung von Wertgegenständen auf Anordnung des Betreuungsgerichts

Das Betreuungsgericht kann anordnen, dass der Betreuer Wertgegenstände des Betreuten bei einer Hinterlegungsstelle oder einer anderen geeigneten Stelle hinterlegt, wenn dies zur Sicherung des Vermögens des Betreuten geboten ist.

§ 1845 Sperrvereinbarung

(1) [1]Für Geldanlagen des Betreuten im Sinne von § 1841 Absatz 2 hat der Betreuer mit dem Kreditinstitut zu vereinbaren, dass er über die Anlage nur mit Genehmigung des Betreuungsgerichts verfügen kann. [2]Anlagen von Verfügungsgeld gemäß § 1839 Absatz 2 bleiben unberührt.

(2) [1]Für Wertpapiere im Sinne von § 1843 Absatz 1 hat der Betreuer mit dem Verwahrer zu vereinbaren, dass er über die Wertpapiere und die Rechte aus dem Depotvertrag mit Ausnahme von Zinsen und Ausschüttungen

BGB Stand 20.5.2021:	***BGB ab 1.1.2023:***

nur mit Genehmigung des Betreuungsgerichts verfügen kann. [2]Der Betreuer hat mit dem Kreditinstitut zu vereinbaren, dass er die Öffnung des Schließfachs für Wertpapiere im Sinne des § 1843 Absatz 2 und die Herausgabe von nach § 1844 hinterlegten Wertgegenständen nur mit Genehmigung des Betreuungsgerichts verlangen kann.

(3) [1]Die Absätze 1 und 2 sind entsprechend anzuwenden, wenn ein Anlagekonto, ein Depot oder eine Hinterlegung des Betreuten bei der Bestellung des Betreuers unversperrt ist. [2]Der Betreuer hat dem Betreuungsgericht die Sperrvereinbarung anzuzeigen.

§ 1846 Einstweilige Maßregeln des Familiengerichts

Ist ein Vormund noch nicht bestellt oder ist der Vormund an der Erfüllung seiner Pflichten verhindert, so hat das Familiengericht die im Interesse des Betroffenen erforderlichen Maßregeln zu treffen.

Unterkapitel 3. Anzeigepflichten

§ 1846 Anzeigepflichten bei der Geld- und Vermögensverwaltung

(1) Der Betreuer hat dem Betreuungsgericht unverzüglich anzuzeigen, wenn er
1. ein Girokonto für den Betreuten eröffnet,
2. ein Anlagekonto für den Betreuten eröffnet,
3. ein Depot eröffnet oder Wertpapiere des Betreuten hinterlegt,
4. Wertpapiere des Betreuten gemäß § 1843 Absatz 3 nicht in einem Depot verwahrt oder hinterlegt.

(2) Die Anzeige hat insbesondere Angaben zu enthalten
1. zur Höhe des Guthabens auf dem Girokonto nach Absatz 1 Nummer 1,
2. zu Höhe und Verzinsung der Anlage gemäß Absatz 1 Nummer 2 sowie ihrer Bestimmung als Anlage- oder Verfügungsgeld,
3. zu Art, Umfang und Wert der depotverwahrten oder hinterlegten Wertpapiere gemäß Absatz 1 Nummer 3 sowie zu den sich aus ihnen ergebenden Aufwendungen und Nutzungen,
4. zu den Gründen, aus denen der Betreuer die Depotverwahrung oder Hinterlegung gemäß Absatz 1 Nummer 4 für nicht geboten erachtet, und wie die Wertpapiere verwahrt werden sollen,
5. zur Sperrvereinbarung.

§ 1847 Anhörung der Angehörigen

[1]Das Familiengericht soll in wichtigen Angelegenheiten Verwandte oder Verschwägerte des Mündels hören, wenn dies ohne erhebliche Ver-

BGB Stand 20.5.2021:	BGB ab 1.1.2023:
zögerung und ohne unverhältnismäßige Kosten geschehen kann. [2] § 1779 Abs. 3 Satz 2 gilt entsprechend.	
	§ 1847 Anzeigepflicht für Erwerbsgeschäfte **Der Betreuer hat Beginn, Art und Umfang eines neuen Erwerbsgeschäfts im Namen des Betreuten und die Aufgabe eines bestehenden Erwerbsgeschäfts des Betreuten beim Betreuungsgericht anzuzeigen.**
	Unterkapitel 4. Genehmigungsbedürftige Rechtsgeschäfte
§ 1848 (weggefallen)	**§ 1848 Genehmigung einer anderen Anlegung von Geld** **Der Betreuer bedarf der Genehmigung des Betreuungsgerichts, wenn er Anlagegeld anders als auf einem Anlagekonto gemäß § 1841 Absatz 2 anlegt.**
Untertitel 4. Mitwirkung des Jugendamts	
§§ 1849, 1850 (weggefallen)	**§ 1849 Genehmigung bei Verfügung über Rechte und Wertpapiere** **(1) [1] Der Betreuer bedarf der Genehmigung des Betreuungsgerichts zu einer Verfügung über** **1. ein Recht, kraft dessen der Betreute eine Geldleistung oder die Leistung eines Wertpapiers verlangen kann,** **2. ein Wertpapier des Betreuten,** **3. einen hinterlegten Wertgegenstand des Betreuten.** **[2] Das gleiche gilt für die Eingehung der Verpflichtung zu einer solchen Verfügung.** **(2) [1] Einer Genehmigung bedarf es nicht,** **1. im Fall einer Geldleistung nach Absatz 1 Satz 1 Nummer 1, wenn der aus dem Recht folgende Zahlungsanspruch** **a) nicht mehr als 3 000 Euro beträgt,** **b) das Guthaben auf einem Girokonto des Betreuten betrifft,** **c) das Guthaben auf einem vom Betreuer für Verfügungsgeld ohne Sperrvereinbarung eröffneten Anlagekonto betrifft,** **d) zu den Nutzungen des Vermögens des Betreuten gehört oder** **e) auf Nebenleistungen gerichtet ist,** **2. im Fall von Absatz 1 Satz 1 Nummer 2, wenn die Verfügung über das Wertpapier** **a) eine Nutzung des Vermögens des Betreuten darstellt,** **b) eine Umschreibung des Wertpapiers auf den Namen des Betreuten darstellt,** **3. im Fall einer Verfügung nach Absatz 1 Satz 1, wenn die Eingehung der Verpflichtung zu einer solchen Verfügung bereits durch das Betreuungsgericht genehmigt worden ist.**

BGB Stand 20.5.2021:	*BGB ab 1.1.2023:*

[2] Satz 1 Nummer 2 gilt entsprechend für die Eingehung einer Verpflichtung zu einer solchen Verfügung.

(3) [1] Absatz 2 Nummer 1 Buchstabe a ist nicht anzuwenden auf eine Verfügung über einen sich aus einer Geldanlage ergebenden Zahlungsanspruch, soweit er einer Sperrvereinbarung unterliegt, sowie über den sich aus der Einlösung eines Wertpapiers ergebenden Zahlungsanspruch. [2] Absatz 2 Nummer 1 Buchstabe d ist nicht anzuwenden auf eine Verfügung über einen Zahlungsanspruch, der einer Sperrvereinbarung unterliegt und eine Kapitalnutzung betrifft.

(4) Die vorstehenden Absätze gelten entsprechend für die Annahme der Leistung.

§ 1850 Genehmigung für Rechtsgeschäfte über Grundstücke und Schiffe

Der Betreuer bedarf der Genehmigung des Betreuungsgerichts

1. **zur Verfügung über ein Grundstück oder über ein Recht an einem Grundstück, sofern die Genehmigung nicht bereits nach § 1833 Absatz 3 Satz 1 Nummer 4 erforderlich ist,**
2. **zur Verfügung über eine Forderung, die auf Übertragung des Eigentums an einem Grundstück, auf Begründung oder Übertragung eines Rechts an einem Grundstück oder auf Befreiung eines Grundstücks von einem solchen Recht gerichtet ist,**
3. **zur Verfügung über ein eingetragenes Schiff oder Schiffsbauwerk oder über eine Forderung, die auf Übertragung des Eigentums an einem eingetragenen Schiff oder Schiffsbauwerk gerichtet ist,**
4. **zu einem Rechtsgeschäft, durch das der Betreute unentgeltlich Wohnungs- oder Teileigentum erwirbt,**
5. **zur Eingehung einer Verpflichtung zu einer der in den Nummern 1 bis 3 bezeichneten Verfügungen oder des in Nummer 4 bezeichneten Erwerbs sowie**
6. **zu einem Rechtsgeschäft, durch das der Betreute zum entgeltlichen Erwerb eines Grundstücks, eines eingetragenen Schiffes oder Schiffsbauwerks oder eines Rechts an einem Grundstück verpflichtet wird, sowie zur Verpflichtung zum entgeltlichen Erwerb einer Forderung auf Übertragung des Eigentums an einem Grundstück, an einem eingetragenen Schiff oder Schiffsbauwerk oder auf Übertragung eines Rechts an einem Grundstück.**

§ 1851 Mitteilungspflichten

(1) Das Familiengericht hat dem Jugendamt die Anordnung der Vormundschaft unter Bezeichnung des Vormunds und des Gegenvormunds sowie ei-

BGB Stand 20.5.2021:	***BGB ab 1.1.2023:***
nen Wechsel in der Person und die Beendigung der Vormundschaft mitzuteilen.	
(2) Wird der gewöhnliche Aufenthalt eines Mündels in den Bezirk eines anderen Jugendamts verlegt, so hat der Vormund dem Jugendamt des bisherigen gewöhnlichen Aufenthalts und dieses dem Jugendamt des neuen gewöhnlichen Aufenthalts die Verlegung mitzuteilen.	*(vgl. § 1790 BGB kF)*
(3) Ist ein Verein Vormund, so sind die Absätze 1 und 2 nicht anzuwenden.	
	§ 1851 Genehmigung für erbrechtliche Rechtsgeschäfte **Der Betreuer bedarf der Genehmigung des Betreuungsgerichts** **1. zur Ausschlagung einer Erbschaft oder eines Vermächtnisses, zum Verzicht auf die Geltendmachung eines Vermächtnisses oder Pflichtteilsanspruchs sowie zu einem Auseinandersetzungsvertrag,** **2. zu einem Rechtsgeschäft, durch das der Betreute zu einer Verfügung über eine ihm angefallene Erbschaft, über seinen künftigen gesetzlichen Erbteil oder seinen künftigen Pflichtteil verpflichtet wird,** **3. zu einer Verfügung über den Anteil des Betreuten an einer Erbschaft oder zu einer Vereinbarung, mit der der Betreute aus der Erbengemeinschaft ausscheidet,** **4. zu einer Anfechtung eines Erbvertrags für den geschäftsunfähigen Betreuten als Erblasser gemäß § 2282 Absatz 2,** **5. zum Abschluss eines Vertrags mit dem Erblasser über die Aufhebung eines Erbvertrags oder einer einzelnen vertragsmäßigen Verfügung gemäß § 2290,** **6. zu einer Zustimmung zur testamentarischen Aufhebung einer in einem Erbvertrag mit dem Erblasser geregelten vertragsmäßigen Anordnung eines Vermächtnisses, einer Auflage sowie einer Rechtswahl gemäß § 2291,** **7. zur Aufhebung eines zwischen Ehegatten oder Lebenspartnern geschlossenen Erbvertrags durch gemeinschaftliches Testament der Ehegatten oder Lebenspartner gemäß § 2292,** **8. zu einer Rücknahme eines mit dem Erblasser geschlossenen Erbvertrags, der nur Verfügungen von Todes wegen enthält, aus der amtlichen oder notariellen Verwahrung gemäß § 2300 Absatz 2,** **9. zum Abschluss oder zur Aufhebung eines Erb- oder Pflichtteilsverzichtsvertrags gemäß §§ 2346, 2351 sowie zum Abschluss eines Zuwendungsverzichtsvertrags gemäß § 2352.**

BGB Stand 20.5.2021:	***BGB ab 1.1.2023:***

Untertitel 5. Befreite Vormundschaft

§ 1852 Befreiung durch den Vater

(1) Der Vater kann, wenn er einen Vormund benennt, die Bestellung eines Gegenvormunds ausschließen.

(2) [1]Der Vater kann anordnen, dass der von ihm benannte Vormund bei der Anlegung von Geld den in den §§ 1809, 1810 bestimmten Beschränkungen nicht unterliegen und zu den im § 1812 bezeichneten Rechtsgeschäften der Genehmigung des Gegenvormunds oder des Familiengerichts nicht bedürfen soll. [2]Diese Anordnungen sind als getroffen anzusehen, wenn der Vater die Bestellung eines Gegenvormunds ausgeschlossen hat.

(vgl. § 1801 BGB kF)

§ 1852 Genehmigung für handels- und gesellschaftsrechtliche Rechtsgeschäfte

Der Betreuer bedarf der Genehmigung des Betreuungsgerichts

1. zu einer Verfügung und zur Eingehung der Verpflichtung zu einer solchen Verfügung, durch die der Betreute
   a) ein Erwerbsgeschäft oder
   b) einen Anteil an einer Personen- oder Kapitalgesellschaft, die ein Erwerbsgeschäft betreibt,

   erwirbt oder veräußert,
2. zu einem Gesellschaftsvertrag, der zum Betrieb eines Erwerbsgeschäfts eingegangen wird, und
3. zur Erteilung einer Prokura.

§ 1853 Befreiung von Hinterlegung und Sperrung

Der Vater kann den von ihm benannten Vormund von der Verpflichtung entbinden, Inhaber- und Orderpapiere zu hinterlegen und den in § 1816 bezeichneten Vermerk in das Bundesschuldbuch oder das Schuldbuch eines Landes eintragen zu lassen.

(vgl. § 1801 BGB kF)

§ 1853 Genehmigung bei Verträgen über wiederkehrende Leistungen

[1]Der Betreuer bedarf der Genehmigung des Betreuungsgerichts

1. zum Abschluss eines Miet- oder Pachtvertrags oder zu einem anderen Vertrag, durch den der Betreute zu wiederkehrenden Leistungen verpflichtet wird, wenn das Vertragsverhältnis länger als vier Jahre dauern soll, und
2. zu einem Pachtvertrag über einen gewerblichen oder land- oder forstwirtschaftlichen Betrieb.

[2]Satz 1 Nummer 1 gilt nicht, wenn der Betreute das Vertragsverhältnis ohne eigene Nachteile vorzeitig kündigen kann.

BGB Stand 20.5.2021:

§ 1854 Befreiung von der Rechnungslegungspflicht

(1) Der Vater kann den von ihm benannten Vormund von der Verpflichtung entbinden, während der Dauer seines Amtes Rechnung zu legen.

(2) [1] Der Vormund hat in einem solchen Falle nach dem Ablauf von je zwei Jahren eine Übersicht über den Bestand des seiner Verwaltung unterliegenden Vermögens dem Familiengericht einzureichen. [2] Das Familiengericht kann anordnen, dass die Übersicht in längeren, höchstens fünfjährigen Zwischenräumen einzureichen ist.

(3) [1] Ist ein Gegenvormund vorhanden oder zu bestellen, so hat ihm der Vormund die Übersicht unter Nachweisung des Vermögensbestands vorzulegen. [2] Der Gegenvormund hat die Übersicht mit den Bemerkungen zu versehen, zu denen die Prüfung ihm Anlass gibt.

BGB ab 1.1.2023:

(vgl. § 1801 BGB kF)

§ 1854 Genehmigung für sonstige Rechtsgeschäfte

Der Betreuer bedarf der Genehmigung des Betreuungsgerichts

1. **zu einem Rechtsgeschäft, durch das der Betreute zu einer Verfügung über sein Vermögen im Ganzen verpflichtet wird,**
2. **zur Aufnahme von Geld auf den Kredit des Betreuten mit Ausnahme einer eingeräumten Überziehungsmöglichkeit für das auf einem Girokonto des Betreuten bei einem Kreditinstitut bereitzuhaltende Verfügungsgeld (§ 1839 Absatz 1),**
3. **zur Ausstellung einer Schuldverschreibung auf den Inhaber oder zur Eingehung einer Verbindlichkeit aus einem Wechsel oder einem anderen Papier, das durch Indossament übertragen werden kann,**
4. **zu einem Rechtsgeschäft, das auf Übernahme einer fremden Verbindlichkeit gerichtet ist,**
5. **zur Eingehung einer Bürgschaft,**
6. **zu einem Vergleich oder einer auf ein Schiedsverfahren gerichteten Vereinbarung, es sei denn, dass der Gegenstand des Streites oder der Ungewissheit in Geld schätzbar ist und den Wert von 6 000 Euro nicht übersteigt oder der Vergleich einem schriftlichen oder protokollierten gerichtlichen Vergleichsvorschlag entspricht,**
7. **zu einem Rechtsgeschäft, durch das die für eine Forderung des Betreuten bestehende Sicherheit aufgehoben oder gemindert oder die Verpflichtung dazu begründet wird, und**
8. **zu einer Schenkung oder unentgeltlichen Zuwendung, es sei denn, diese ist nach den Lebensverhältnissen des Betreuten angemessen oder als Gelegenheitsgeschenk üblich.**

BGB Stand 20.5.2021:	*BGB ab 1.1.2023:*
§ 1855 Befreiung durch die Mutter Benennt die Mutter einen Vormund, so kann sie die gleichen Anordnungen treffen wie nach den §§ 1852 bis 1854 der Vater.	*(vgl. § 1801 BGB kF)*
	Unterkapitel 5. Genehmigungserklärung **§ 1855 Erklärung der Genehmigung** **Das Betreuungsgericht kann die Genehmigung zu einem Rechtsgeschäft nur dem Betreuer gegenüber erklären.**
§ 1856 Voraussetzungen der Befreiung [1] Auf die nach den §§ 1852 bis 1855 zulässigen Anordnungen ist die Vorschrift des § 1777 anzuwenden. [2] Haben die Eltern denselben Vormund benannt, aber einander widersprechende Anordnungen getroffen, so gelten die Anordnungen des zuletzt verstorbenen Elternteils.	*(vgl. § 1801 BGB kF)*
	§ 1856 Nachträgliche Genehmigung **(1) [1] Schließt der Betreuer einen Vertrag ohne die erforderliche Genehmigung des Betreuungsgerichts, so hängt die Wirksamkeit des Vertrags von der nachträglichen Genehmigung des Betreuungsgerichts ab. [2] Die Genehmigung sowie deren Verweigerung wird dem anderen Teil gegenüber erst wirksam, wenn ihm die wirksam gewordene Genehmigung oder Verweigerung durch den Betreuer mitgeteilt wird.** **(2) Fordert der andere Teil den Betreuer zur Mitteilung darüber auf, ob die Genehmigung erteilt sei, so kann die Mitteilung der Genehmigung nur bis zum Ablauf des zweiten Monats nach dem Empfang der Aufforderung erfolgen; wird die Genehmigung nicht mitgeteilt, so gilt sie als verweigert.** **(3) Soweit die Betreuung aufgehoben oder beendet ist, tritt die Genehmigung des Betreuten an die Stelle der Genehmigung des Betreuungsgerichts.**
§ 1857 Aufhebung der Befreiung durch das Familiengericht Die Anordnungen des Vaters oder der Mutter können von dem Familiengericht außer Kraft gesetzt werden, wenn ihre Befolgung das Interesse des Mündels gefährden würde.	*(vgl. § 1801 BGB kF)*
	§ 1857 Widerrufsrecht des Vertragspartners **Hat der Betreuer dem anderen Teil gegenüber wahrheitswidrig die Genehmigung des Betreuungsgerichts behauptet, so ist der andere Teil bis zur Mitteilung der nachträglichen Genehmigung des Betreuungsgerichts zum Widerruf berechtigt, es sei denn, dass ihm das Fehlen der Genehmigung bei dem Abschluss des Vertrags bekannt war.**

BGB Stand 20.5.2021:	BGB ab 1.1.2023:

§ 1857a Befreiung des Jugendamts und des Vereins

Dem Jugendamt und einem Verein als Vormund stehen die nach § 1852 Abs. 2, §§ 1853, 1854 zulässigen Befreiungen zu.

§§ 1858 bis 1881 (weggefallen)

(vgl. § 1801 BGB kF)
(vgl. § 1859 BGB kF)

§ 1858 Einseitiges Rechtsgeschäft

(1) Ein einseitiges Rechtsgeschäft, das der Betreuer ohne die erforderliche Genehmigung des Betreuungsgerichts vornimmt, ist unwirksam.

(2) Nimmt der Betreuer mit Genehmigung des Betreuungsgerichts ein einseitiges Rechtsgeschäft einem anderen gegenüber vor, so ist das Rechtsgeschäft unwirksam, wenn der Betreuer die Genehmigung nicht vorlegt und der andere das Rechtsgeschäft aus diesem Grunde unverzüglich zurückweist.

(3) [1] Nimmt der Betreuer ein einseitiges Rechtsgeschäft gegenüber einem Gericht oder einer Behörde ohne die erforderliche Genehmigung des Betreuungsgerichts vor, so hängt die Wirksamkeit des Rechtsgeschäfts von der nachträglichen Genehmigung des Betreuungsgerichts ab. [2] Das Rechtsgeschäft wird mit Rechtskraft der Genehmigung wirksam. [3] Der Ablauf einer gesetzlichen Frist wird während der Dauer des Genehmigungsverfahrens gehemmt. [4] Die Hemmung endet mit Rechtskraft des Beschlusses über die Erteilung der Genehmigung. [5] Das Betreuungsgericht teilt dem Gericht oder der Behörde nach Rechtskraft des Beschlusses die Erteilung oder Versagung der Genehmigung mit.

Unterkapitel 6. Befreiungen

§ 1859 Gesetzliche Befreiungen

(1) [1] Befreite Betreuer sind entbunden

1. von der Pflicht zur Sperrvereinbarung nach § 1845,

2. von den Beschränkungen nach § 1849 Absatz 1 Satz 1 Nummer 1 und 2, Satz 2 und

3. von der Pflicht zur Rechnungslegung nach § 1865.

[2] Sie haben dem Betreuungsgericht jährlich eine Übersicht über den Bestand des ihrer Verwaltung unterliegenden Vermögens des Betreuten (Vermögensübersicht) einzureichen. [3] Das Betreuungsgericht kann anordnen, dass die Vermögensübersicht in längeren, höchstens fünfjährigen Zeiträumen einzureichen ist.

(2) [1] Befreite Betreuer sind

1. Verwandte in gerader Linie,

2. Geschwister,

3. Ehegatten,

BGB Stand 20.5.2021:	*BGB ab 1.1.2023:*
	4. der Betreuungsverein oder ein Vereinsbetreuer, **5. die Betreuungsbehörde oder ein Behördenbetreuer.** **[2]Das Betreuungsgericht kann andere als die in Satz 1 genannten Betreuer von den in Absatz 1 Satz 1 genannten Pflichten befreien, wenn der Betreute dies vor der Bestellung des Betreuers schriftlich verfügt hat. [3]Dies gilt nicht, wenn der Betreute erkennbar an diesem Wunsch nicht festhalten will.** **(3) Das Betreuungsgericht hat die Befreiungen aufzuheben, wenn bei ihrer Fortgeltung eine Gefährdung im Sinne des § 1821 Absatz 3 Nummer 1 zu besorgen wäre.** **§ 1860 Befreiungen auf Anordnung des Gerichts** **(1) Das Betreuungsgericht kann den Betreuer auf dessen Antrag von den Beschränkungen nach den §§ 1841, 1845, 1848 und 1849 Absatz 1 Satz 1 Nummer 1 und 2 sowie Satz 2 ganz oder teilweise befreien, wenn der Wert des Vermögens des Betreuten ohne Berücksichtigung von Immobilien und Verbindlichkeiten 6 000 Euro nicht übersteigt.** **(2) Das Betreuungsgericht kann den Betreuer auf dessen Antrag von den Beschränkungen nach den §§ 1848, 1849 Absatz 1 Satz 1 Nummer 1 und 2 sowie Satz 2 und nach § 1854 Nummer 2 bis 5 befreien, soweit mit der Vermögensverwaltung der Betrieb eines Erwerbsgeschäfts verbunden ist oder besondere Gründe der Vermögensverwaltung dies erfordern.** **(3) Das Betreuungsgericht kann den Betreuer auf dessen Antrag von den Beschränkungen nach § 1845 Absatz 2, den §§ 1848 und 1849 Absatz 1 Satz 1 Nummer 1 und 2 sowie Satz 2 befreien, wenn ein Wertpapierdepot des Betreuten häufige Wertpapiergeschäfte erfordert und der Betreuer über hinreichende Kapitalmarktkenntnis und Erfahrung verfügt.** **(4) Eine Befreiung gemäß den Absätzen 1 bis 3 kann das Betreuungsgericht nur anordnen, wenn eine Gefährdung im Sinne des § 1821 Absatz 3 Nummer 1 nicht zu besorgen ist.** **(5) Das Betreuungsgericht hat eine Befreiung aufzuheben, wenn ihre Voraussetzungen nicht mehr vorliegen.** **Untertitel 3. Beratung und Aufsicht durch das Betreuungsgericht** **§ 1861 Beratung; Verpflichtung des Betreuers** **(1) Das Betreuungsgericht berät den Betreuer über dessen Rechte und Pflichten bei der Wahrnehmung seiner Aufgaben.**

BGB Stand 20.5.2021:	***BGB ab 1.1.2023:***

(2) [1] Der ehrenamtliche Betreuer wird alsbald nach seiner Bestellung mündlich verpflichtet, über seine Aufgaben unterrichtet und auf Beratungs- und Unterstützungsangebote hingewiesen. [2] Das gilt nicht für solche ehrenamtlichen Betreuer, die mehr als eine Betreuung führen oder in den letzten zwei Jahren geführt haben.

§ 1862 Aufsicht durch das Betreuungsgericht

(1) [1] Das Betreuungsgericht führt über die gesamte Tätigkeit des Betreuers die Aufsicht. [2] Es hat dabei auf die Einhaltung der Pflichten des Betreuers zu achten und insbesondere bei Anordnungen nach Absatz 3, der Erteilung von Genehmigungen und einstweiligen Maßnahmen nach § 1867 den in § 1821 Absatz 2 bis 4 festgelegten Maßstab zu beachten.

(2) Das Betreuungsgericht hat den Betreuten persönlich anzuhören, wenn Anhaltspunkte dafür bestehen, dass der Betreuer pflichtwidrig den Wünschen des Betreuten nicht oder nicht in geeigneter Weise oder seinen Pflichten gegenüber dem Betreuten in anderer Weise nicht nachkommt, es sei denn, die persönliche Anhörung ist nicht geeignet oder nicht erforderlich, um die Pflichtwidrigkeit aufzuklären.

(3) [1] Das Betreuungsgericht hat gegen Pflichtwidrigkeiten des Betreuers durch geeignete Gebote und Verbote einzuschreiten. [2] Zur Befolgung seiner Anordnungen kann es den Betreuer durch die Festsetzung von Zwangsgeld anhalten. [3] Gegen die Betreuungsbehörde, einen Behördenbetreuer oder einen Betreuungsverein wird kein Zwangsgeld festgesetzt.

(4) Durch Landesrecht kann bestimmt werden, dass Vorschriften, welche die Aufsicht des Betreuungsgerichts in vermögensrechtlicher Hinsicht sowie beim Abschluss von Ausbildungs-, Dienst- oder Arbeitsverträgen betreffen, gegenüber der Betreuungsbehörde außer Anwendung bleiben.

§ 1863 Berichte über die persönlichen Verhältnisse des Betreuten

(1) [1] Mit Übernahme der Betreuung hat der Betreuer einen Bericht über die persönlichen Verhältnisse (Anfangsbericht) zu erstellen. [2] Der Anfangsbericht hat insbesondere Angaben zu folgenden Sachverhalten zu enthalten:
1. persönliche Situation des Betreuten,
2. Ziele der Betreuung, bereits durchgeführte und beabsichtigte Maßnahmen, insbesondere im Hinblick auf § 1821 Absatz 6, und
3. Wünsche des Betreuten hinsichtlich der Betreuung.

[3] Sofern ein Vermögensverzeichnis gemäß § 1835 zu erstellen ist, ist dieses dem Anfangs-

BGB Stand 20.5.2021:	BGB ab 1.1.2023:

bericht beizufügen. [4]Der Anfangsbericht soll dem Betreuungsgericht innerhalb von drei Monaten nach Bestellung des Betreuers übersandt werden. [5]Das Betreuungsgericht kann den Anfangsbericht mit dem Betreuten und dem Betreuer in einem persönlichen Gespräch erörtern.

(2) [1]Absatz 1 gilt nicht, wenn die Betreuung ehrenamtlich von einer Person mit einer familiären Beziehung oder persönlichen Bindung zum Betreuten geführt wird. [2]In diesem Fall führt das Betreuungsgericht mit dem Betreuten auf dessen Wunsch oder in anderen geeigneten Fällen ein Anfangsgespräch zur Ermittlung der Sachverhalte nach Absatz 1 Satz 2. [3]Der ehrenamtliche Betreuer soll an dem Gespräch teilnehmen. [4]Die Pflicht zur Erstellung eines Vermögensverzeichnisses gemäß § 1835 bleibt unberührt.

(3) [1]Der Betreuer hat dem Betreuungsgericht über die persönlichen Verhältnisse des Betreuten mindestens einmal jährlich zu berichten (Jahresbericht). [2]Er hat den Jahresbericht mit dem Betreuten zu besprechen, es sei denn, davon sind erhebliche Nachteile für die Gesundheit des Betreuten zu besorgen oder dieser ist offensichtlich nicht in der Lage, den Inhalt des Jahresberichts zur Kenntnis zu nehmen. [3]Der Jahresbericht hat insbesondere Angaben zu folgenden Sachverhalten zu enthalten:

1. **Art, Umfang und Anlass der persönlichen Kontakte zum Betreuten und der persönliche Eindruck vom Betreuten,**
2. **Umsetzung der bisherigen Betreuungsziele und Darstellung der bereits durchgeführten und beabsichtigten Maßnahmen, insbesondere solcher gegen den Willen des Betreuten,**
3. **Gründe für die weitere Erforderlichkeit der Betreuung und des Einwilligungsvorbehalts, insbesondere auch hinsichtlich des Umfangs,**
4. **bei einer beruflich geführten Betreuung die Mitteilung, ob die Betreuung zukünftig ehrenamtlich geführt werden kann, und**
5. **die Sichtweise des Betreuten zu den Sachverhalten nach den Nummern 1 bis 4.**

(4) [1]Nach Beendigung der Betreuung hat der Betreuer einen abschließenden Bericht (Schlussbericht) zu erstellen, in dem die seit dem letzten Jahresbericht eingetretenen Änderungen der persönlichen Verhältnisse mitzuteilen sind. [2]Der Schlussbericht ist dem Betreuungsgericht zu übersenden. [3]Er hat Angaben zur Herausgabe des der Verwaltung des Betreuers unterliegenden Vermögens des Betreuten und aller im Rahmen der Betreuung erlangten Unterlagen zu enthalten.

BGB Stand 20.5.2021:	BGB ab 1.1.2023:

§ 1864 Auskunfts- und Mitteilungspflichten des Betreuers

(1) Der Betreuer hat dem Betreuungsgericht auf dessen Verlangen jederzeit über die Führung der Betreuung und über die persönlichen und wirtschaftlichen Verhältnisse des Betreuten Auskunft zu erteilen.

(2) [1]Der Betreuer hat dem Betreuungsgericht wesentliche Änderungen der persönlichen und wirtschaftlichen Verhältnisse des Betreuten unverzüglich mitzuteilen. [2]Dies gilt auch für solche Umstände,
1. die eine Aufhebung der Betreuung oder des Einwilligungsvorbehalts ermöglichen,
2. die eine Einschränkung des Aufgabenkreises des Betreuers ermöglichen,
3. die die Erweiterung des Aufgabenkreises des Betreuers erfordern,
4. die die Bestellung eines weiteren Betreuers erfordern,
5. die die Anordnung eines Einwilligungsvorbehalts erfordern und
6. aus denen sich bei einer beruflich geführten Betreuung ergibt, dass die Betreuung zukünftig ehrenamtlich geführt werden kann.

§ 1865 Rechnungslegung

(1) Der Betreuer hat dem Betreuungsgericht über die Vermögensverwaltung Rechnung zu legen, soweit sein Aufgabenkreis die Vermögensverwaltung umfasst.

(2) [1]Die Rechnung ist jährlich zu legen. [2]Das Rechnungsjahr wird vom Betreuungsgericht bestimmt.

(3) [1]Die Rechnung soll eine geordnete Zusammenstellung der Einnahmen und Ausgaben enthalten und über den Ab- und Zugang des vom Betreuer verwalteten Vermögens Auskunft geben. [2]Das Betreuungsgericht kann Einzelheiten zur Erstellung der geordneten Zusammenstellung nach Satz 1 bestimmen. [3]Es kann in geeigneten Fällen auf die Vorlage von Belegen verzichten. [4]Verwaltet der Betreute im Rahmen des dem Betreuer übertragenen Aufgabenkreises einen Teil seines Vermögens selbst, so hat der Betreuer dies dem Betreuungsgericht mitzuteilen. [5]Der Betreuer hat die Richtigkeit dieser Mitteilung durch eine Erklärung des Betreuten nachzuweisen oder, falls eine solche nicht beigebracht werden kann, die Richtigkeit an Eides statt zu versichern.

(4) [1]Wird vom Betreuten ein Erwerbsgeschäft mit kaufmännischer Buchführung betrieben, so genügt als Rechnung ein aus den Büchern gezogener Jahresabschluss. [2]Das Betreuungsgericht kann Vorlage der Bücher und sonstigen Belege verlangen.

BGB Stand 20.5.2021:	BGB ab 1.1.2023:

§ 1866 Prüfung der Rechnung durch das Betreuungsgericht

(1) Das Betreuungsgericht hat die Rechnung sachlich und rechnerisch zu prüfen und, soweit erforderlich, ihre Berichtigung und Ergänzung durch den Betreuer herbeizuführen.

(2) [1] Die Möglichkeit der Geltendmachung streitig gebliebener Ansprüche zwischen Betreuer und Betreutem im Rechtsweg bleibt unberührt. [2] Die Ansprüche können schon vor der Beendigung der Betreuung geltend gemacht werden.

§ 1867 Einstweilige Maßnahmen des Betreuungsgerichts

Bestehen dringende Gründe für die Annahme, dass die Voraussetzungen für die Bestellung eines Betreuers gegeben sind, und konnte ein Betreuer noch nicht bestellt werden oder ist der Betreuer an der Erfüllung seiner Pflichten gehindert, so hat das Betreuungsgericht die dringend erforderlichen Maßnahmen zu treffen.

Untertitel 4. Beendigung, Aufhebung oder Änderung von Betreuung und Einwilligungsvorbehalt

§ 1868 Entlassung des Betreuers

(1) [1] Das Betreuungsgericht hat den Betreuer zu entlassen, wenn dessen Eignung, die Angelegenheiten des Betreuten zu besorgen, nicht oder nicht mehr gewährleistet ist oder ein anderer wichtiger Grund für die Entlassung vorliegt. [2] Ein wichtiger Grund liegt auch vor, wenn der Betreuer eine erforderliche Abrechnung vorsätzlich falsch erteilt oder den erforderlichen persönlichen Kontakt zum Betreuten nicht gehalten hat.

(2) Das Betreuungsgericht hat den beruflichen Betreuer zu entlassen, wenn dessen Registrierung nach § 27 Absatz 1 und 2 des Betreuungsorganisationsgesetzes widerrufen oder zurückgenommen wurde.

(3) Das Betreuungsgericht soll den beruflichen Betreuer, den Betreuungsverein, den Behördenbetreuer oder die Betreuungsbehörde entlassen, wenn der Betreute zukünftig ehrenamtlich betreut werden kann.

(4) Das Betreuungsgericht entlässt den Betreuer auf dessen Verlangen, wenn nach dessen Bestellung Umstände eingetreten sind, aufgrund derer ihm die Führung der Betreuung nicht mehr zugemutet werden kann.

(5) Das Betreuungsgericht kann den Betreuer entlassen, wenn der Betreute eine mindestens gleich geeignete Person, die zur Übernahme der Betreuung bereit ist, als neuen Betreuer vorschlägt.

BGB Stand 20.5.2021:	BGB ab 1.1.2023:

(6) [1]Der Vereinsbetreuer ist auch dann zu entlassen, wenn der Betreuungsverein dies beantragt. [2]Wünscht der Betreute die Fortführung der Betreuung durch den bisherigen Vereinsbetreuer, so kann das Betreuungsgericht statt der Entlassung des Vereinsbetreuers mit dessen Einverständnis feststellen, dass dieser die Betreuung künftig als Privatperson weiterführt. [3]Die Sätze 1 und 2 gelten für den Behördenbetreuer entsprechend.

(7) [1]Der Betreuungsverein oder die Betreuungsbehörde ist als Betreuer zu entlassen, sobald der Betreute durch eine oder mehrere natürliche Personen hinreichend betreut werden kann. [2]Dies gilt für den Betreuungsverein nicht, wenn der Wunsch des Betreuten dem entgegensteht.

§ 1869 Bestellung eines neuen Betreuers

Mit der Entlassung des Betreuers oder nach dessen Tod ist ein neuer Betreuer zu bestellen.

§ 1870 Ende der Betreuung

Die Betreuung endet mit der Aufhebung der Betreuung durch das Betreuungsgericht oder mit dem Tod des Betreuten.

§ 1871 Aufhebung oder Änderung von Betreuung und Einwilligungsvorbehalt

(1) [1]Die Betreuung ist aufzuheben, wenn ihre Voraussetzungen wegfallen. [2]Fallen die Voraussetzungen nur für einen Teil der Aufgabenbereiche des Betreuers weg, so ist dessen Aufgabenkreis einzuschränken.

(2) [1]Ist der Betreuer auf Antrag des Betreuten bestellt, so ist die Betreuung auf dessen Antrag wieder aufzuheben, es sei denn, die Aufrechterhaltung der Betreuung ist auch unter Berücksichtigung von § 1814 Absatz 2 erforderlich. [2]Dies gilt für die Einschränkung des Aufgabenkreises des Betreuers entsprechend.

(3) [1]Der Aufgabenkreis des Betreuers ist zu erweitern, wenn dies erforderlich wird. [2]Die Vorschriften über die Bestellung des Betreuers gelten hierfür entsprechend.

(4) Für den Einwilligungsvorbehalt gelten die Absätze 1 und 3 entsprechend.

§ 1872 Herausgabe von Vermögen und Unterlagen; Schlussrechnungslegung

(1) Endet die Betreuung, hat der Betreuer das seiner Verwaltung unterliegende Vermögen und alle im Rahmen der Betreuung erlangten Unterlagen an den Betreuten, dessen Erben oder sonstigen Berechtigten herauszugeben.

(2) [1]Eine Schlussrechnung über die Vermögensverwaltung hat der Betreuer nur zu

BGB Stand 20.5.2021:	*BGB ab 1.1.2023:*
	erstellen, wenn der Berechtigte nach Absatz 1 dies verlangt. [2]Auf dieses Recht ist der Berechtigte durch den Betreuer vor Herausgabe der Unterlagen hinzuweisen. [3]Die Frist zur Geltendmachung des Anspruchs beträgt sechs Wochen nach Zugang des Hinweises. [4]Der Berechtigte hat dem Betreuungsgericht sein Verlangen gegenüber dem Betreuer mitzuteilen.
	(3) Ist der Betreute sechs Monate nach Ende der Betreuung unbekannten Aufenthalts oder sind dessen Erben nach Ablauf dieser Frist unbekannt oder unbekannten Aufenthalts und ist auch kein sonstiger Berechtigter vorhanden, hat der Betreuer abweichend von Absatz 2 eine Schlussrechnung zu erstellen.
	(4) [1]Bei einem Wechsel des Betreuers hat der bisherige Betreuer das seiner Verwaltung unterliegende Vermögen und alle im Rahmen der Betreuung erlangten Unterlagen an den neuen Betreuer herauszugeben. [2]Über die Verwaltung seit der letzten beim Betreuungsgericht eingereichten Rechnungslegung hat er Rechenschaft durch eine Schlussrechnung abzulegen.
	(5) [1]War der Betreuer bei Beendigung seines Amtes gemäß § 1859 befreit, genügt zur Erfüllung der Verpflichtungen aus den Absätzen 2 und 4 Satz 2 die Erstellung einer Vermögensübersicht mit einer Übersicht über die Einnahmen und Ausgaben seit der letzten Vermögensübersicht. [2]Die Richtigkeit und Vollständigkeit der Vermögensübersicht ist an Eides statt zu versichern.
	§ 1873 Rechnungsprüfung
	(1) [1]Der Betreuer hat eine nach § 1872 von ihm zu erstellende Schlussrechnung oder Vermögensübersicht beim Betreuungsgericht einzureichen. [2]Das Betreuungsgericht übersendet diese an den Berechtigten, soweit dieser bekannt ist oder rechtlich vertreten wird und kein Fall des § 1872 Absatz 3 vorliegt.
	(2) [1]Das Betreuungsgericht hat die Schlussrechnung oder die Vermögensübersicht sachlich und rechnerisch zu prüfen und, soweit erforderlich, ihre Ergänzung herbeizuführen. [2]Das Betreuungsgericht übersendet das Ergebnis seiner Prüfung nach Satz 1 an den Berechtigten.
	(3) [1]Endet die Betreuung und liegt kein Fall des § 1872 Absatz 3 vor, so gilt Absatz 2 nur dann, wenn der Berechtigte binnen sechs Wochen nach Zugang der Schlussrechnung oder der Vermögensübersicht deren Prüfung verlangt. [2]Über dieses Recht ist der Berechtigte bei der Übersendung nach Absatz 1 Satz 2 zu belehren. [3]Nach Ablauf der Frist kann eine Prüfung durch das Betreuungsgericht nicht mehr verlangt werden.

BGB Stand 20.5.2021:	**BGB ab 1.1.2023:**

§ 1874 Besorgung der Angelegenheiten des Betreuten nach Beendigung der Betreuung

(1) [1] Der Betreuer darf die Besorgung der Angelegenheiten des Betreuten fortführen, bis er von der Beendigung der Betreuung Kenntnis erlangt oder diese kennen muss. [2] Ein Dritter kann sich auf diese Befugnis nicht berufen, wenn er bei der Vornahme des Rechtsgeschäfts die Beendigung kennt oder kennen muss.

(2) Endet die Betreuung durch den Tod des Betreuten, so hat der Betreuer im Rahmen des ihm übertragenen Aufgabenkreises die Angelegenheiten, die keinen Aufschub dulden, zu besorgen, bis der Erbe diese besorgen kann.

Untertitel 5. Vergütung und Aufwendungsersatz

§ 1875 Vergütung und Aufwendungsersatz

(1) Vergütung und Aufwendungsersatz des ehrenamtlichen Betreuers bestimmen sich nach den Vorschriften dieses Untertitels.

(2) Vergütung und Aufwendungsersatz des beruflichen Betreuers, des Betreuungsvereins, des Behördenbetreuers und der Betreuungsbehörde bestimmen sich nach dem Vormünder- und Betreuervergütungsgesetz.

§ 1876 Vergütung

[1] Dem ehrenamtlichen Betreuer steht grundsätzlich kein Anspruch auf Vergütung zu. [2] Das Betreuungsgericht kann ihm abweichend von Satz 1 eine angemessene Vergütung bewilligen, wenn

1. der Umfang oder die Schwierigkeit der Wahrnehmung der Angelegenheiten des Betreuten dies rechtfertigen und
2. der Betreute nicht mittellos ist.

§ 1877 Aufwendungsersatz

(1) [1] Macht der Betreuer zur Führung der Betreuung Aufwendungen, so kann er nach den für den Auftrag geltenden Vorschriften der §§ 669 und 670 vom Betreuten Vorschuss oder Ersatz verlangen. [2] Für den Ersatz von Fahrtkosten des Betreuers gilt die in § 5 des Justizvergütungs- und -entschädigungsgesetzes für Sachverständige getroffene Regelung entsprechend.

(2) [1] Zu den Aufwendungen gehören auch die Kosten einer angemessenen Versicherung gegen Schäden, die

1. dem Betreuten durch den Betreuer zugefügt werden können oder
2. die dem Betreuer dadurch entstehen können, dass er einem Dritten zum Ersatz eines durch die Führung der Betreuung verursachten Schadens verpflichtet ist.

BGB Stand 20.5.2021:	*BGB ab 1.1.2023:*

[2]Kosten für die Haftpflichtversicherung des Halters eines Kraftfahrzeugs gehören nicht zu diesen Aufwendungen.

(3) Als Aufwendungen gelten auch solche Dienste des Betreuers, die zu seinem Gewerbe oder Beruf gehören.

(4) [1]Der Anspruch auf Aufwendungsersatz erlischt, wenn er nicht binnen 15 Monaten nach seiner Entstehung gerichtlich geltend gemacht wird. [2]Die Geltendmachung beim Betreuungsgericht gilt als Geltendmachung gegen den Betreuten. [3]Die Geltendmachung gegen den Betreuten gilt auch als Geltendmachung gegen die Staatskasse.

(5) [1]Das Betreuungsgericht kann eine von Absatz 4 Satz 1 abweichende kürzere oder längere Frist für das Erlöschen des Anspruchs bestimmen sowie diese gesetzte Frist auf Antrag verlängern. [2]Mit der Fristbestimmung ist über das Erlöschen des Ersatzanspruchs bei Versäumung der Frist zu belehren. [3]Der Anspruch ist innerhalb der Frist zu beziffern.

§ 1878 Aufwandspauschale

(1) [1]Zur Abgeltung seines Anspruchs auf Aufwendungsersatz kann der Betreuer für die Führung jeder Betreuung, für die er keine Vergütung erhält, vom Betreuten einen pauschalen Geldbetrag verlangen (Aufwandspauschale). [2]Dieser entspricht für ein Jahr dem Siebzehnfachen dessen, was einem Zeugen als Höchstbetrag der Entschädigung für eine Stunde versäumter Arbeitszeit (§ 22 des Justizvergütungs- und -entschädigungsgesetzes) gewährt werden kann. [3]Hat der Betreuer für solche Aufwendungen bereits Vorschuss oder Ersatz erhalten, so verringert sich die Aufwandspauschale entsprechend.

(2) [1]Sind mehrere Betreuer bestellt, kann jeder Betreuer den Anspruch auf Aufwandspauschale geltend machen. [2]In den Fällen der Bestellung eines Verhinderungsbetreuers nach § 1817 Absatz 4 kann jeder Betreuer den Anspruch auf Aufwandspauschale nur für den Zeitraum geltend machen, in dem er tatsächlich tätig geworden ist.

(3) [1]Die Aufwandspauschale ist jährlich zu zahlen, erstmals ein Jahr nach Bestellung des Betreuers. [2]Endet das Amt des Betreuers, ist die Aufwandspauschale anteilig nach den Monaten des bis zur Beendigung des Amtes laufenden Betreuungsjahres zu zahlen; ein angefangener Monat gilt als voller Monat.

(4) [1]Der Anspruch erlischt, wenn er nicht binnen sechs Monaten nach Ablauf des Jahres, in dem der Anspruch entstanden ist, gerichtlich geltend gemacht wird. [2]§ 1877 Absatz 4 Satz 2 und 3 gilt entsprechend. [3]Ist der Anspruch einmalig ausdrücklich gerichtlich geltend gemacht worden, so gilt in den Folge-

BGB Stand 20.5.2021:	BGB ab 1.1.2023:
	jahren die Einreichung des Jahresberichts jeweils als Antrag, es sei denn, der Betreuer verzichtet ausdrücklich auf eine weitere Geltendmachung.
	§ 1879 Zahlung aus der Staatskasse
	Gilt der Betreute als mittellos im Sinne von § 1880, so kann der Betreuer den Vorschuss, den Aufwendungsersatz nach § 1877 oder die Aufwandspauschale nach § 1878 aus der Staatskasse verlangen.
	§ 1880 Mittellosigkeit des Betreuten
	(1) Der Betreute gilt als mittellos, wenn er den Vorschuss, den Aufwendungsersatz oder die Aufwandspauschale aus seinem einzusetzenden Vermögen nicht, nur zum Teil oder nur in Raten aufbringen kann.
	(2) Der Betreute hat sein Vermögen nach Maßgabe des § 90 des Zwölften Buches Sozialgesetzbuch einzusetzen.
	§ 1881 Gesetzlicher Forderungsübergang
	[1] Soweit die Staatskasse den Betreuer befriedigt, gehen Ansprüche des Betreuers gegen den Betreuten auf die Staatskasse über. [2] Nach dem Tode des Betreuten haftet sein Erbe nur mit dem Wert des im Zeitpunkt des Erbfalls vorhandenen Nachlasses; § 102 Absatz 3 und 4 des Zwölften Buches Sozialgesetzbuch gilt entsprechend, § 1880 Absatz 2 ist auf den Erben nicht anzuwenden.
Untertitel 6. Beendigung der Vormundschaft	
§ 1882 Wegfall der Voraussetzungen	*(vgl. § 1806 BGB kF)*
Die Vormundschaft endigt mit dem Wegfall der in § 1773 für die Begründung der Vormundschaft bestimmten Voraussetzungen.	
	Titel 4. Sonstige Pflegschaft
	§ 1882 Pflegschaft für unbekannte Beteiligte
	[1] Ist unbekannt oder ungewiss, wer bei einer Angelegenheit der Beteiligte ist, so kann dem Beteiligten für diese Angelegenheit, soweit eine Fürsorge erforderlich ist, ein Pfleger bestellt werden. [2] Insbesondere kann für einen Nacherben, der noch nicht gezeugt ist oder dessen Persönlichkeit erst durch ein künftiges Ereignis bestimmt wird, für die Zeit bis zum Eintritt der Nacherbfolge ein Pfleger bestellt werden.
§ 1883 (weggefallen)	**§ 1883 Pflegschaft für gesammeltes Vermögen**
	Ist durch öffentliche Sammlung Vermögen für einen vorübergehenden Zweck zusammengebracht worden, so kann zum Zwecke der Verwaltung und Verwendung des Vermögens ein Pfleger bestellt werden, wenn die

BGB Stand 20.5.2021: | **BGB ab 1.1.2023:**

zu der Verwaltung und Verwendung berufenen Personen weggefallen sind.

§ 1884 Verschollenheit und Todeserklärung des Mündels

(1) [1] Ist der Mündel verschollen, so endigt die Vormundschaft erst mit der Aufhebung durch das Familiengericht. [2] Das Familiengericht hat die Vormundschaft aufzuheben, wenn ihm der Tod des Mündels bekannt wird.

(2) Wird der Mündel für tot erklärt oder wird seine Todeszeit nach den Vorschriften des Verschollenheitsgesetzes festgestellt, so endigt die Vormundschaft mit der Rechtskraft des Beschlusses über die Todeserklärung oder die Feststellung der Todeszeit.

(entfällt)

§ 1884 Abwesenheitspflegschaft

(1) [1] Ein abwesender Volljähriger, dessen Aufenthalt unbekannt ist, erhält für seine Vermögensangelegenheiten, soweit sie der Fürsorge bedürfen, einen Abwesenheitspfleger. [2] Ein solcher Abwesenheitspfleger ist ihm insbesondere auch dann zu bestellen, wenn er durch Erteilung eines Auftrags oder einer Vollmacht Fürsorge getroffen hat, aber Umstände eingetreten sind, die zum Widerruf des Auftrags oder der Vollmacht Anlass geben.

(2) Das Gleiche gilt für einen Abwesenden, dessen Aufenthalt bekannt, der aber an der Rückkehr und der Besorgung seiner Vermögensangelegenheiten verhindert ist.

§ 1885 (weggefallen)

§ 1885 Bestellung des sonstigen Pflegers

Das Betreuungsgericht oder im Falle der Nachlasspflegschaft das Nachlassgericht ordnet die Pflegschaft an, wählt einen geeigneten Pfleger aus und bestellt ihn, nachdem er sich zur Übernahme des Amtes bereit erklärt hat.

§ 1886 Entlassung des Einzelvormunds

Das Familiengericht hat den Einzelvormund zu entlassen, wenn die Fortführung des Amts, insbesondere wegen pflichtwidrigen Verhaltens des Vormunds, das Interesse des Mündels gefährden würde oder wenn in der Person des Vormunds einer der in § 1781 bestimmten Gründe vorliegt.

(vgl. § 1804 BGB kF)

§ 1886 Aufhebung der Pflegschaft

(1) Die Pflegschaft für einen Abwesenden ist aufzuheben

1. wenn der Abwesende an der Besorgung seiner Vermögensangelegenheiten nicht mehr verhindert ist.
2. wenn der Abwesende stirbt.

(2) Im Übrigen ist eine Pflegschaft aufzuheben, wenn der Grund für ihre Anordnung weggefallen ist.

BGB Stand 20.5.2021:

BGB ab 1.1.2023:

§ 1887 Entlassung des Jugendamts oder Vereins

(1) Das Familiengericht hat das Jugendamt oder den Verein als Vormund zu entlassen und einen anderen Vormund zu bestellen, wenn dies dem Wohl des Mündels dient und eine andere als Vormund geeignete Person vorhanden ist.

(2) [1]Die Entscheidung ergeht von Amts wegen oder auf Antrag. [2]Zum Antrag ist berechtigt der Mündel, der das 14. Lebensjahr vollendet hat, sowie jeder, der ein berechtigtes Interesse des Mündels geltend macht. [3]Das Jugendamt oder der Verein sollen den Antrag stellen, sobald sie erfahren, dass die Voraussetzungen des Absatzes 1 vorliegen.

(3) Das Familiengericht soll vor seiner Entscheidung auch das Jugendamt oder den Verein hören.

(vgl. § 1804 BGB kF)

§ 1887 Ende der Pflegschaft kraft Gesetzes

(1) Wird der Abwesende für tot erklärt oder wird seine Todeszeit nach den Vorschriften des Verschollenheitsgesetzes festgestellt, so endet die Pflegschaft mit der Rechtskraft des Beschlusses über die Todeserklärung oder die Feststellung der Todeszeit.

(2) Im Übrigen endet die Pflegschaft zur Besorgung einer einzelnen Angelegenheit mit deren Erledigung.

§ 1888 Entlassung von Beamten und Religionsdienern

Ist ein Beamter oder ein Religionsdiener zum Vormund bestellt, so hat ihn das Familiengericht zu entlassen, wenn die Erlaubnis, die nach den Landesgesetzen zur Übernahme der Vormundschaft oder zur Fortführung der vor dem Eintritt in das Amts- oder Dienstverhältnis übernommenen Vormundschaft erforderlich ist, versagt oder zurückgenommen wird oder wenn die nach den Landesgesetzen zulässige Untersagung der Fortführung der Vormundschaft erfolgt.

(vgl. § 1804 BGB kF)

§ 1888 Anwendung des Betreuungsrechts

(1) Die Vorschriften des Betreuungsrechts sind auf sonstige Pflegschaften entsprechend anwendbar, soweit sich nicht aus dem Gesetz ein anderes ergibt.

(2) [1]Die Ansprüche des berufsmäßig tätigen Pflegers auf Vergütung und Aufwendungsersatz richten sich nach den § § 1 bis 6 des Vormünder- und Betreuervergütungsgesetzes. [2]Sofern der Pflegling nicht mittellos ist, bestimmt sich die Höhe des Stundensatzes des Pflegers jedoch nach den für die Führung der Pflegschaftsgeschäfte nutzbaren Fachkenntnissen des Pflegers sowie nach dem Umfang und der Schwierigkeit der Pflegschaftsgeschäfte.

BGB Stand 20.5.2021:	BGB ab 1.1.2023:

§ 1889–1921 *(nicht mehr belegt)*

§ 1889 Entlassung auf eigenen Antrag

(vgl. § 1804 BGB kF)

(1) Das Familiengericht hat den Einzelvormund auf seinen Antrag zu entlassen, wenn ein wichtiger Grund vorliegt; ein wichtiger Grund ist insbesondere der Eintritt eines Umstands, der den Vormund nach § 1786 Abs. 1 Nr. 2 bis 7 berechtigen würde, die Übernahme der Vormundschaft abzulehnen.

(2) [1]Das Familiengericht hat das Jugendamt oder den Verein als Vormund auf seinen Antrag zu entlassen, wenn eine andere als Vormund geeignete Person vorhanden ist und das Wohl des Mündels dieser Maßnahme nicht entgegensteht. [2]Ein Verein ist auf seinen Antrag ferner zu entlassen, wenn ein wichtiger Grund vorliegt.

§ 1890 Vermögensherausgabe und Rechnungslegung

(vgl. § 1872 BGB kF)

[1]Der Vormund hat nach der Beendigung seines Amts dem Mündel das verwaltete Vermögen herauszugeben und über die Verwaltung Rechenschaft abzulegen. [2]Soweit er dem Familiengericht Rechnung gelegt hat, genügt die Bezugnahme auf diese Rechnung.

§ 1891 Mitwirkung des Gegenvormunds

(1) [1]Ist ein Gegenvormund vorhanden, so hat ihm der Vormund die Rechnung vorzulegen. [2]Der Gegenvormund hat die Rechnung mit den Bemerkungen zu versehen, zu denen die Prüfung ihm Anlass gibt.

(2) Der Gegenvormund hat über die Führung der Gegenvormundschaft und, soweit er dazu imstande ist, über das von dem Vormund verwaltete Vermögen auf Verlangen Auskunft zu erteilen.

§ 1892 Rechnungsprüfung und -anerkennung

(vgl. § 1873 BGB kF)

(1) Der Vormund hat die Rechnung, nachdem er sie dem Gegenvormund vorgelegt hat, dem Familiengericht einzureichen.

(2) [1]Das Familiengericht hat die Rechnung rechnungsmäßig und sachlich zu prüfen und deren Abnahme durch Verhandlung mit den Beteiligten unter Zuziehung des Gegenvormunds zu vermitteln. [2]Soweit die Rechnung als richtig anerkannt wird, hat das Familiengericht das Anerkenntnis zu beurkunden.

§ 1893 Fortführung der Geschäfte nach Beendigung der Vormundschaft, Rückgabe von Urkunden

(vgl. § 1874 BGB kF)

(1) Im Falle der Beendigung der Vormundschaft oder des vormundschaftlichen Amts finden die Vorschriften der §§ 1698a, 1698b entsprechende Anwendung.

(2) [1]Der Vormund hat nach Beendigung seines Amts die Bestallung dem Familiengericht zurückzugeben. [2]In den Fällen der §§ 1791a, 1791b ist

BGB Stand 20.5.2021:	***BGB ab 1.1.2023:***
der Beschluss des Familiengerichts, im Falle des § 1791c die Bescheinigung über den Eintritt der Vormundschaft zurückzugeben.	
§ 1894 Anzeige bei Tod des Vormunds	*(entfällt)*
(1) Den Tod des Vormunds hat dessen Erbe dem Familiengericht unverzüglich anzuzeigen.	
(2) Den Tod des Gegenvormunds oder eines Mitvormunds hat der Vormund unverzüglich anzuzeigen.	
§ 1895 Amtsende des Gegenvormunds	
Die Vorschriften der §§ 1886 bis 1889, 1893, 1894 finden auf den Gegenvormund entsprechende Anwendung.	
Titel 2. Rechtliche Betreuung	
§ 1896 Voraussetzungen	*(vgl. §§ 1814, 1815 BGB kF)*
(1) [1] Kann ein Volljähriger auf Grund einer psychischen Krankheit oder einer körperlichen, geistigen oder seelischen Behinderung seine Angelegenheiten ganz oder teilweise nicht besorgen, so bestellt das Betreuungsgericht auf seinen Antrag oder von Amts wegen für ihn einen Betreuer. [2] Den Antrag kann auch ein Geschäftsunfähiger stellen. [3] Soweit der Volljährige auf Grund einer körperlichen Behinderung seine Angelegenheiten nicht besorgen kann, darf der Betreuer nur auf Antrag des Volljährigen bestellt werden, es sei denn, dass dieser seinen Willen nicht kundtun kann.	
(1a) Gegen den freien Willen des Volljährigen darf ein Betreuer nicht bestellt werden.	
(2) [1] Ein Betreuer darf nur für Aufgabenkreise bestellt werden, in denen die Betreuung erforderlich ist. [2] Die Betreuung ist nicht erforderlich, soweit die Angelegenheiten des Volljährigen durch einen Bevollmächtigten, der nicht zu den in § 1897 Abs. 3 bezeichneten Personen gehört, oder durch andere Hilfen, bei denen kein gesetzlicher Vertreter bestellt wird, ebenso gut wie durch einen Betreuer besorgt werden können.	
(3) Als Aufgabenkreis kann auch die Geltendmachung von Rechten des Betreuten gegenüber seinem Bevollmächtigten bestimmt werden.	
(4) Die Entscheidung über den Fernmeldeverkehr des Betreuten und über die Entgegennahme, das Öffnen und das Anhalten seiner Post werden vom Aufgabenkreis des Betreuers nur dann erfasst, wenn das Gericht dies ausdrücklich angeordnet hat.	
§ 1897 Bestellung einer natürlichen Person	
(1) Zum Betreuer bestellt das Betreuungsgericht eine natürliche Person, die geeignet ist, in dem gerichtlich bestimmten Aufgabenkreis die Angelegenheiten des Betreuten rechtlich zu besorgen und ihn in dem hierfür erforderlichen Umfang persönlich zu betreuen.	*(vgl. § 1816 BGB kF)*

BGB Stand 20.5.2021:	***BGB ab 1.1.2023:***
(2) [1]Der Mitarbeiter eines nach § 1908f anerkannten Betreuungsvereins, der dort ausschließlich oder teilweise als Betreuer tätig ist (Vereinsbetreuer), darf nur mit Einwilligung des Vereins bestellt werden. [2]Entsprechendes gilt für den Mitarbeiter einer in Betreuungsangelegenheiten zuständigen Behörde, der dort ausschließlich oder teilweise als Betreuer tätig ist (Behördenbetreuer).	*(vgl. § 1819 BGB kF)*
(3) Wer zu einer Anstalt, einem Heim oder einer sonstigen Einrichtung, in welcher der Volljährige untergebracht ist oder wohnt, in einem Abhängigkeitsverhältnis oder in einer anderen engen Beziehung steht, darf nicht zum Betreuer bestellt werden.	*(vgl. § 1816 BGB kF)*
(4) [1]Schlägt der Volljährige eine Person vor, die zum Betreuer bestellt werden kann, so ist diesem Vorschlag zu entsprechen, wenn es dem Wohl des Volljährigen nicht zuwiderläuft. [2]Schlägt er vor, eine bestimmte Person nicht zu bestellen, so soll hierauf Rücksicht genommen werden. [3]Die Sätze 1 und 2 gelten auch für Vorschläge, die der Volljährige vor dem Betreuungsverfahren gemacht hat, es sei denn, dass er an diesen Vorschlägen erkennbar nicht festhalten will.	
(5) Schlägt der Volljährige niemanden vor, der zum Betreuer bestellt werden kann, so ist bei der Auswahl des Betreuers auf die verwandtschaftlichen und sonstigen persönlichen Bindungen des Volljährigen, insbesondere auf die Bindungen zu Eltern, zu Kindern, zum Ehegatten und zum Lebenspartner, sowie auf die Gefahr von Interessenkonflikten Rücksicht zu nehmen.	*(vgl. § 1864 BGB kF)*
(6) [1]Wer Betreuungen im Rahmen seiner Berufsausübung führt, soll nur dann zum Betreuer bestellt werden, wenn keine andere geeignete Person zur Verfügung steht, die zur ehrenamtlichen Führung der Betreuung bereit ist. [2]Werden dem Betreuer Umstände bekannt, aus denen sich ergibt, dass der Volljährige durch eine oder mehrere andere geeignete Personen außerhalb einer Berufsausübung betreut werden kann, so hat er dies dem Gericht mitzuteilen.	
(7) [1]Wird eine Person unter den Voraussetzungen des Absatzes 6 Satz 1 erstmals in dem Bezirk des Betreuungsgerichts zum Betreuer bestellt, soll das Gericht zuvor die zuständige Behörde zur Eignung des ausgewählten Betreuers und zu den nach § 1 Abs. 1 Satz 1 zweite Alternative des Vormünder- und Betreuervergütungsgesetzes zu treffenden Feststellungen anhören. [2]Die zuständige Behörde soll die Person auffordern, ein Führungszeugnis und eine Auskunft aus dem Schuldnerverzeichnis vorzulegen.	
(8) Wird eine Person unter den Voraussetzungen des Absatzes 6 Satz 1 bestellt, hat sie sich über Zahl und Umfang der von ihr berufsmäßig geführten Betreuungen zu erklären.	

BGB Stand 20.5.2021:	BGB ab 1.1.2023:

§ 1898 Übernahmepflicht

(vgl. § 1819 BGB kF)

(1) Der vom Betreuungsgericht Ausgewählte ist verpflichtet, die Betreuung zu übernehmen, wenn er zur Betreuung geeignet ist und ihm die Übernahme unter Berücksichtigung seiner familiären, beruflichen und sonstigen Verhältnisse zugemutet werden kann.

(2) Der Ausgewählte darf erst dann zum Betreuer bestellt werden, wenn er sich zur Übernahme der Betreuung bereit erklärt hat.

§ 1899 Mehrere Betreuer

(vgl. § 1817 BGB kF)

(1) [1] Das Betreuungsgericht kann mehrere Betreuer bestellen, wenn die Angelegenheiten des Betreuten hierdurch besser besorgt werden können. [2] In diesem Falle bestimmt es, welcher Betreuer mit welchem Aufgabenkreis betraut wird. [3] Mehrere Betreuer, die eine Vergütung erhalten, werden außer in den in den Absätzen 2 und 4 sowie § 1908i Abs. 1 Satz 1 in Verbindung mit § 1792 geregelten Fällen nicht bestellt.

(2) Für die Entscheidung über die Einwilligung in eine Sterilisation des Betreuten ist stets ein besonderer Betreuer zu bestellen.

(3) Soweit mehrere Betreuer mit demselben Aufgabenkreis betraut werden, können sie die Angelegenheiten des Betreuten nur gemeinsam besorgen, es sei denn, dass das Gericht etwas anderes bestimmt hat oder mit dem Aufschub Gefahr verbunden ist.

(4) Das Gericht kann mehrere Betreuer auch in der Weise bestellen, dass der eine die Angelegenheiten des Betreuten nur zu besorgen hat, soweit der andere verhindert ist.

§ 1900 Betreuung durch Verein oder Behörde

(vgl. § 1818 BGB kF)

(1) [1] Kann der Volljährige durch eine oder mehrere natürliche Personen nicht hinreichend betreut werden, so bestellt das Betreuungsgericht einen anerkannten Betreuungsverein zum Betreuer. [2] Die Bestellung bedarf der Einwilligung des Vereins.

(2) [1] Der Verein überträgt die Wahrnehmung der Betreuung einzelnen Personen. [2] Vorschlägen des Volljährigen hat er hierbei zu entsprechen, soweit nicht wichtige Gründe entgegenstehen. [3] Der Verein teilt dem Gericht alsbald mit, wem er die Wahrnehmung der Betreuung übertragen hat.

(3) Werden dem Verein Umstände bekannt, aus denen sich ergibt, dass der Volljährige durch eine oder mehrere natürliche Personen hinreichend betreut werden kann, so hat er dies dem Gericht mitzuteilen.

(4) [1] Kann der Volljährige durch eine oder mehrere natürliche Personen oder durch einen Verein nicht hinreichend betreut werden, so bestellt das Gericht die zuständige Behörde zum Betreuer. [2] Die Absätze 2 und 3 gelten entsprechend.

BGB Stand 20.5.2021:	BGB ab 1.1.2023:
(5) Vereinen oder Behörden darf die Entscheidung über die Einwilligung in eine Sterilisation des Betreuten nicht übertragen werden.	
§ 1901 Umfang der Betreuung, Pflichten des Betreuers	*(vgl. § 1821 BGB kF)*
(1) Die Betreuung umfasst alle Tätigkeiten, die erforderlich sind, um die Angelegenheiten des Betreuten nach Maßgabe der folgenden Vorschriften rechtlich zu besorgen.	
(2) [1] Der Betreuer hat die Angelegenheiten des Betreuten so zu besorgen, wie es dessen Wohl entspricht. [2] Zum Wohl des Betreuten gehört auch die Möglichkeit, im Rahmen seiner Fähigkeiten sein Leben nach seinen eigenen Wünschen und Vorstellungen zu gestalten.	
(3) [1] Der Betreuer hat Wünschen des Betreuten zu entsprechen, soweit dies dessen Wohl nicht zuwiderläuft und dem Betreuer zuzumuten ist. [2] Dies gilt auch für Wünsche, die der Betreute vor der Bestellung des Betreuers geäußert hat, es sei denn, dass er an diesen Wünschen erkennbar nicht festhalten will. [3] Ehe der Betreuer wichtige Angelegenheiten erledigt, bespricht er sie mit dem Betreuten, sofern dies dessen Wohl nicht zuwiderläuft.	
(4) [1] Innerhalb seines Aufgabenkreises hat der Betreuer dazu beizutragen, dass Möglichkeiten genutzt werden, die Krankheit oder Behinderung des Betreuten zu beseitigen, zu bessern, ihre Verschlimmerung zu verhüten oder ihre Folgen zu mildern. [2] Wird die Betreuung berufsmäßig geführt, hat der Betreuer in geeigneten Fällen auf Anordnung des Gerichts zu Beginn der Betreuung einen Betreuungsplan zu erstellen. [3] In dem Betreuungsplan sind die Ziele der Betreuung und die zu ihrer Erreichung zu ergreifenden Maßnahmen darzustellen.	*(vgl. § 1864 BGB kF)*
(5) [1] Werden dem Betreuer Umstände bekannt, die eine Aufhebung der Betreuung ermöglichen, so hat er dies dem Betreuungsgericht mitzuteilen. [2] Gleiches gilt für Umstände, die eine Einschränkung des Aufgabenkreises ermöglichen oder dessen Erweiterung, die Bestellung eines weiteren Betreuers oder die Anordnung eines Einwilligungsvorbehalts (§ 1903) erfordern.	
§ 1901a Patientenverfügung	*(vgl. § 1827 BGB kF)*
(1) [1] Hat ein einwilligungsfähiger Volljähriger für den Fall seiner Einwilligungsunfähigkeit schriftlich festgelegt, ob er in bestimmte, zum Zeitpunkt der Festlegung noch nicht unmittelbar bevorstehende Untersuchungen seines Gesundheitszustands, Heilbehandlungen oder ärztliche Eingriffe einwilligt oder sie untersagt (Patientenverfügung), prüft der Betreuer, ob diese Festlegungen auf die aktuelle Lebens- und Behandlungssituation zutreffen. [2] Ist dies der Fall, hat der Betreuer dem Willen des Betreuten Ausdruck und Geltung zu	

BGB Stand 20.5.2021:	**BGB ab 1.1.2023:**

verschaffen. [3] Eine Patientenverfügung kann jederzeit formlos widerrufen werden.

(2) [1] Liegt keine Patientenverfügung vor oder treffen die Festlegungen einer Patientenverfügung nicht auf die aktuelle Lebens- und Behandlungssituation zu, hat der Betreuer die Behandlungswünsche oder den mutmaßlichen Willen des Betreuten festzustellen und auf dieser Grundlage zu entscheiden, ob er in eine ärztliche Maßnahme nach Absatz 1 einwilligt oder sie untersagt. [2] Der mutmaßliche Wille ist aufgrund konkreter Anhaltspunkte zu ermitteln. [3] Zu berücksichtigen sind insbesondere frühere mündliche oder schriftliche Äußerungen, ethische oder religiöse Überzeugungen und sonstige persönliche Wertvorstellungen des Betreuten.

(3) Die Absätze 1 und 2 gelten unabhängig von Art und Stadium einer Erkrankung des Betreuten.

(4) Der Betreuer soll den Betreuten in geeigneten Fällen auf die Möglichkeit einer Patientenverfügung hinweisen und ihn auf dessen Wunsch bei der Errichtung einer Patientenverfügung unterstützen.

(5) [1] Niemand kann zur Errichtung einer Patientenverfügung verpflichtet werden. [2] Die Errichtung oder Vorlage einer Patientenverfügung darf nicht zur Bedingung eines Vertragsschlusses gemacht werden.

(6) Die Absätze 1 bis 3 gelten für Bevollmächtigte entsprechend.

§ 1901b Gespräch zur Feststellung des Patientenwillens

(vgl. § 1828 BGB kF)

(1) [1] Der behandelnde Arzt prüft, welche ärztliche Maßnahme im Hinblick auf den Gesamtzustand und die Prognose des Patienten indiziert ist. [2] Er und der Betreuer erörtern diese Maßnahme unter Berücksichtigung des Patientenwillens als Grundlage für die nach § 1901a zu treffende Entscheidung.

(2) Bei der Feststellung des Patientenwillens nach § 1901a Absatz 1 oder der Behandlungswünsche oder des mutmaßlichen Willens nach § 1901a Absatz 2 soll nahen Angehörigen und sonstigen Vertrauenspersonen des Betreuten Gelegenheit zur Äußerung gegeben werden, sofern dies ohne erhebliche Verzögerung möglich ist.

(3) Die Absätze 1 und 2 gelten für Bevollmächtigte entsprechend.

§ 1901c Schriftliche Betreuungswünsche, Vorsorgevollmacht

(vgl. § 1820 BGB kF)

[1] Wer ein Schriftstück besitzt, in dem jemand für den Fall seiner Betreuung Vorschläge zur Auswahl des Betreuers oder Wünsche zur Wahrnehmung der Betreuung geäußert hat, hat es unverzüglich an das Betreuungsgericht abzuliefern, nachdem er von der Einleitung eines Verfahrens über die Bestellung eines Betreuers Kenntnis erlangt hat. [2] Ebenso hat der Besitzer das Betreuungsgericht

BGB Stand 20.5.2021:	BGB ab 1.1.2023:
über Schriftstücke, in denen der Betroffene eine andere Person mit der Wahrnehmung seiner Angelegenheiten bevollmächtigt hat, zu unterrichten. [3]Das Betreuungsgericht kann die Vorlage einer Abschrift verlangen.	
§ 1902 Vertretung des Betreuten	*(vgl. § 1823 BGB kF)*
In seinem Aufgabenkreis vertritt der Betreuer den Betreuten gerichtlich und außergerichtlich.	
§ 1903 Einwilligungsvorbehalt	*(vgl. § 1825 BGB kF)*
(1) [1]Soweit dies zur Abwendung einer erheblichen Gefahr für die Person oder das Vermögen des Betreuten erforderlich ist, ordnet das Betreuungsgericht an, dass der Betreute zu einer Willenserklärung, die den Aufgabenkreis des Betreuers betrifft, dessen Einwilligung bedarf (Einwilligungsvorbehalt). [2]Die §§ 108 bis 113, 131 Abs. 2 und § 210 gelten entsprechend.	
(2) Ein Einwilligungsvorbehalt kann sich nicht erstrecken 1. auf Willenserklärungen, die auf Eingehung einer Ehe oder Begründung einer Lebenspartnerschaft gerichtet sind, 2. auf Verfügungen von Todes wegen, 3. auf die Anfechtung eines Erbvertrags, 4. auf die Aufhebung eines Erbvertrags durch Vertrag und 5. auf Willenserklärungen, zu denen ein beschränkt Geschäftsfähiger nach den Vorschriften der Bücher 4 und 5 nicht der Zustimmung seines gesetzlichen Vertreters bedarf.	
(3) [1]Ist ein Einwilligungsvorbehalt angeordnet, so bedarf der Betreute dennoch nicht der Einwilligung seines Betreuers, wenn die Willenserklärung dem Betreuten lediglich einen rechtlichen Vorteil bringt. [2]Soweit das Gericht nichts anderes anordnet, gilt dies auch, wenn die Willenserklärung eine geringfügige Angelegenheit des täglichen Lebens betrifft.	*(vgl. § 1864 BGB kF)*
(4) § 1901 Abs. 5 gilt entsprechend.	
§ 1904 Genehmigung des Betreuungsgerichts bei ärztlichen Maßnahmen	*(vgl. § 1829 BGB kF)*
(1) [1]Die Einwilligung des Betreuers in eine Untersuchung des Gesundheitszustands, eine Heilbehandlung oder einen ärztlichen Eingriff bedarf der Genehmigung des Betreuungsgerichts, wenn die begründete Gefahr besteht, dass der Betreute auf Grund der Maßnahme stirbt oder einen schweren und länger dauernden gesundheitlichen Schaden erleidet. [2]Ohne die Genehmigung darf die Maßnahme nur durchgeführt werden, wenn mit dem Aufschub Gefahr verbunden ist.	
(2) Die Nichteinwilligung oder der Widerruf der Einwilligung des Betreuers in eine Untersuchung des Gesundheitszustands, eine Heilbehandlung oder einen ärztlichen Eingriff bedarf der Genehmigung des Betreuungsgerichts, wenn die Maßnahme medizinisch angezeigt ist und die be-	

BGB Stand 20.5.2021:	**BGB ab 1.1.2023:**
gründete Gefahr besteht, dass der Betreute auf Grund des Unterbleibens oder des Abbruchs der Maßnahme stirbt oder einen schweren und länger dauernden gesundheitlichen Schaden erleidet.	
(3) Die Genehmigung nach den Absätzen 1 und 2 ist zu erteilen, wenn die Einwilligung, die Nichteinwilligung oder der Widerruf der Einwilligung dem Willen des Betreuten entspricht.	
(4) Eine Genehmigung nach den Absätzen 1 und 2 ist nicht erforderlich, wenn zwischen Betreuer und behandelndem Arzt Einvernehmen darüber besteht, dass die Erteilung, die Nichterteilung oder der Widerruf der Einwilligung dem nach § 1901a festgestellten Willen des Betreuten entspricht.	*(vgl. § 1820 BGB kF)*
(5) [1]Die Absätze 1 bis 4 gelten auch für einen Bevollmächtigten. [2]Er kann in eine der in Absatz 1 Satz 1 oder Absatz 2 genannten Maßnahmen nur einwilligen, nicht einwilligen oder die Einwilligung widerrufen, wenn die Vollmacht diese Maßnahmen ausdrücklich umfasst und schriftlich erteilt ist.	
§ 1905 Sterilisation	*(vgl. § 1830 BGB kF)*
(1) [1]Besteht der ärztliche Eingriff in einer Sterilisation des Betreuten, in die dieser nicht einwilligen kann, so kann der Betreuer nur einwilligen, wenn 1. die Sterilisation dem Willen des Betreuten nicht widerspricht, 2. der Betreute auf Dauer einwilligungsunfähig bleiben wird, 3. anzunehmen ist, dass es ohne die Sterilisation zu einer Schwangerschaft kommen würde, 4. infolge dieser Schwangerschaft eine Gefahr für das Leben oder die Gefahr einer schwerwiegenden Beeinträchtigung des körperlichen oder seelischen Gesundheitszustands der Schwangeren zu erwarten wäre, die nicht auf zumutbare Weise abgewendet werden könnte, und 5. die Schwangerschaft nicht durch andere zumutbare Mittel verhindert werden kann.	
[2]Als schwerwiegende Gefahr für den seelischen Gesundheitszustand der Schwangeren gilt auch die Gefahr eines schweren und nachhaltigen Leides, das ihr drohen würde, weil betreuungsgerichtliche Maßnahmen, die mit ihrer Trennung vom Kind verbunden wären (§§ 1666, 1666a), gegen sie ergriffen werden müssten.	
(2) [1]Die Einwilligung bedarf der Genehmigung des Betreuungsgerichts. [2]Die Sterilisation darf erst zwei Wochen nach Wirksamkeit der Genehmigung durchgeführt werden. [3]Bei der Sterilisation ist stets der Methode der Vorzug zu geben, die eine Refertilisierung zulässt.	

BGB Stand 20.5.2021:	***BGB ab 1.1.2023:***

§ 1906 Genehmigung des Betreuungsgerichts bei freiheitsentziehender Unterbringung und bei freiheitsentziehenden Maßnahmen

(1) Eine Unterbringung des Betreuten durch den Betreuer, die mit Freiheitsentziehung verbunden ist, ist nur zulässig, solange sie zum Wohl des Betreuten erforderlich ist, weil
1. auf Grund einer psychischen Krankheit oder geistigen oder seelischen Behinderung des Betreuten die Gefahr besteht, dass er sich selbst tötet oder erheblichen gesundheitlichen Schaden zufügt, oder
2. zur Abwendung eines drohenden erheblichen gesundheitlichen Schadens eine Untersuchung des Gesundheitszustands, eine Heilbehandlung oder ein ärztlicher Eingriff notwendig ist, die Maßnahme ohne die Unterbringung des Betreuten nicht durchgeführt werden kann und der Betreute auf Grund einer psychischen Krankheit oder geistigen oder seelischen Behinderung die Notwendigkeit der Unterbringung nicht erkennen oder nicht nach dieser Einsicht handeln kann.

(vgl. § 1831 BGB kF)

(2) [1]Die Unterbringung ist nur mit Genehmigung des Betreuungsgerichts zulässig. [2]Ohne die Genehmigung ist die Unterbringung nur zulässig, wenn mit dem Aufschub Gefahr verbunden ist; die Genehmigung ist unverzüglich nachzuholen.

(3) [1]Der Betreuer hat die Unterbringung zu beenden, wenn ihre Voraussetzungen weggefallen sind. [2]Er hat die Beendigung der Unterbringung dem Betreuungsgericht unverzüglich anzuzeigen.

(4) Die Absätze 1 bis 3 gelten entsprechend, wenn dem Betreuten, der sich in einem Krankenhaus, einem Heim oder einer sonstigen Einrichtung aufhält, durch mechanische Vorrichtungen, Medikamente oder auf andere Weise über einen längeren Zeitraum oder regelmäßig die Freiheit entzogen werden soll.

(vgl. § 1820 BGB kF)

(5) [1]Die Unterbringung durch einen Bevollmächtigten und die Einwilligung eines Bevollmächtigten in Maßnahmen nach Absatz 4 setzen voraus, dass die Vollmacht schriftlich erteilt ist und die in den Absätzen 1 und 4 genannten Maßnahmen ausdrücklich umfasst. [2]Im Übrigen gelten die Absätze 1 bis 4 entsprechend.

§ 1906a Genehmigung des Betreuungsgerichts bei ärztlichen Zwangsmaßnahmen

(1) [1]Widerspricht eine Untersuchung des Gesundheitszustands, eine Heilbehandlung oder ein ärztlicher Eingriff dem natürlichen Willen des Betreuten (ärztliche Zwangsmaßnahme), so kann der Betreuer in die ärztliche Zwangsmaßnahme nur einwilligen, wenn
1. die ärztliche Zwangsmaßnahme zum Wohl des Betreuten notwendig ist, um einen drohenden

(vgl. § 1833 BGB kF)

BGB Stand 20.5.2021: | **BGB ab 1.1.2023:**

erheblichen gesundheitlichen Schaden abzuwenden,

2. der Betreute auf Grund einer psychischen Krankheit oder einer geistigen oder seelischen Behinderung die Notwendigkeit der ärztlichen Maßnahme nicht erkennen oder nicht nach dieser Einsicht handeln kann,
3. die ärztliche Zwangsmaßnahme dem nach § 1901a zu beachtenden Willen des Betreuten entspricht,
4. zuvor ernsthaft, mit dem nötigen Zeitaufwand und ohne Ausübung unzulässigen Drucks versucht wurde, den Betreuten von der Notwendigkeit der ärztlichen Maßnahme zu überzeugen,
5. der drohende erhebliche gesundheitliche Schaden durch keine andere den Betreuten weniger belastende Maßnahme abgewendet werden kann,
6. der zu erwartende Nutzen der ärztlichen Zwangsmaßnahme die zu erwartenden Beeinträchtigungen deutlich überwiegt und
7. die ärztliche Zwangsmaßnahme im Rahmen eines stationären Aufenthalts in einem Krankenhaus, in dem die gebotene medizinische Versorgung des Betreuten einschließlich einer erforderlichen Nachbehandlung sichergestellt ist, durchgeführt wird.

[2] § 1846 ist nur anwendbar, wenn der Betreuer an der Erfüllung seiner Pflichten verhindert ist.

(2) Die Einwilligung in die ärztliche Zwangsmaßnahme bedarf der Genehmigung des Betreuungsgerichts.

(3) [1] Der Betreuer hat die Einwilligung in die ärztliche Zwangsmaßnahme zu widerrufen, wenn ihre Voraussetzungen weggefallen sind. [2] Er hat den Widerruf dem Betreuungsgericht unverzüglich anzuzeigen.

(4) Kommt eine ärztliche Zwangsmaßnahme in Betracht, so gilt für die Verbringung des Betreuten gegen seinen natürlichen Willen zu einem stationären Aufenthalt in ein Krankenhaus § 1906 Absatz 1 Nummer 2, Absatz 2 und 3 Satz 1 entsprechend.

(vgl. § 1820 BGB kF)

(5) [1] Die Einwilligung eines Bevollmächtigten in eine ärztliche Zwangsmaßnahme und die Einwilligung in eine Maßnahme nach Absatz 4 setzen voraus, dass die Vollmacht schriftlich erteilt ist und die Einwilligung in diese Maßnahmen ausdrücklich umfasst. [2] Im Übrigen gelten die Absätze 1 bis 3 entsprechend.

§ 1907 Genehmigung des Betreuungsgerichts bei der Aufgabe der Mietwohnung

(vgl. § 1833 BGB kF)

(1) [1] Zur Kündigung eines Mietverhältnisses über Wohnraum, den der Betreute gemietet hat, bedarf der Betreuer der Genehmigung des Betreuungsgerichts. [2] Gleiches gilt für eine Willenserklärung, die auf die Aufhebung eines solchen Mietverhältnisses gerichtet ist.

BGB Stand 20.5.2021:	***BGB ab 1.1.2023:***
(2) [1] Treten andere Umstände ein, auf Grund derer die Beendigung des Mietverhältnisses in Betracht kommt, so hat der Betreuer dies dem Betreuungsgericht unverzüglich mitzuteilen, wenn sein Aufgabenkreis das Mietverhältnis oder die Aufenthaltsbestimmung umfasst. [2] Will der Betreuer Wohnraum des Betreuten auf andere Weise als durch Kündigung oder Aufhebung eines Mietverhältnisses aufgeben, so hat er dies gleichfalls unverzüglich mitzuteilen.	*(vgl. § 1853 BGB kF)*
(3) Zu einem Miet- oder Pachtvertrag oder zu einem anderen Vertrag, durch den der Betreute zu wiederkehrenden Leistungen verpflichtet wird, bedarf der Betreuer der Genehmigung des Betreuungsgerichts, wenn das Vertragsverhältnis länger als vier Jahre dauern oder vom Betreuer Wohnraum vermietet werden soll.	
§ 1908 Genehmigung des Betreuungsgerichts bei der Ausstattung	
Der Betreuer kann eine Ausstattung aus dem Vermögen des Betreuten nur mit Genehmigung des Betreuungsgerichts versprechen oder gewähren.	
§ 1908a Vorsorgliche Betreuerbestellung und Anordnung des Einwilligungsvorbehalts für Minderjährige	
[1] Maßnahmen nach den §§ 1896, 1903 können auch für einen Minderjährigen, der das 17. Lebensjahr vollendet hat, getroffen werden, wenn anzunehmen ist, dass sie bei Eintritt der Volljährigkeit erforderlich werden. [2] Die Maßnahmen werden erst mit dem Eintritt der Volljährigkeit wirksam.	
§ 1908b Entlassung des Betreuers	*(vgl. § 1868 BGB kF)*
(1) [1] Das Betreuungsgericht hat den Betreuer zu entlassen, wenn seine Eignung, die Angelegenheiten des Betreuten zu besorgen, nicht mehr gewährleistet ist oder ein anderer wichtiger Grund für die Entlassung vorliegt. [2] Ein wichtiger Grund liegt auch vor, wenn der Betreuer eine erforderliche Abrechnung vorsätzlich falsch erteilt oder den erforderlichen persönlichen Kontakt zum Betreuten nicht gehalten hat. [3] Das Gericht soll den nach § 1897 Abs. 6 bestellten Betreuer entlassen, wenn der Betreute durch eine oder mehrere andere Personen außerhalb einer Berufsausübung betreut werden kann.	
(2) Der Betreuer kann seine Entlassung verlangen, wenn nach seiner Bestellung Umstände eintreten, auf Grund derer ihm die Betreuung nicht mehr zugemutet werden kann.	
(3) Das Gericht kann den Betreuer entlassen, wenn der Betreute eine gleich geeignete Person, die zur Übernahme bereit ist, als neuen Betreuer vorschlägt.	
(4) [1] Der Vereinsbetreuer ist auch zu entlassen, wenn der Verein dies beantragt. [2] Ist die Entlassung	

BGB Stand 20.5.2021:	**BGB ab 1.1.2023:**

nicht zum Wohl des Betreuten erforderlich, so kann das Betreuungsgericht stattdessen mit Einverständnis des Betreuers aussprechen, dass dieser die Betreuung künftig als Privatperson weiterführt. [3]Die Sätze 1 und 2 gelten für den Behördenbetreuer entsprechend.

(5) Der Verein oder die Behörde ist zu entlassen, sobald der Betreute durch eine oder mehrere natürliche Personen hinreichend betreut werden kann.

§ 1908c Bestellung eines neuen Betreuers

(vgl. § 1869 BGB kF)

Stirbt der Betreuer oder wird er entlassen, so ist ein neuer Betreuer zu bestellen.

§ 1908d Aufhebung oder Änderung von Betreuung und Einwilligungsvorbehalt

(vgl. § 1871 BGB kF)

(1) [1]Die Betreuung ist aufzuheben, wenn ihre Voraussetzungen wegfallen. [2]Fallen diese Voraussetzungen nur für einen Teil der Aufgaben des Betreuers weg, so ist dessen Aufgabenkreis einzuschränken.

(2) [1]Ist der Betreuer auf Antrag des Betreuten bestellt, so ist die Betreuung auf dessen Antrag aufzuheben, es sei denn, dass eine Betreuung von Amts wegen erforderlich ist. [2]Den Antrag kann auch ein Geschäftsunfähiger stellen. [3]Die Sätze 1 und 2 gelten für die Einschränkung des Aufgabenkreises entsprechend.

(3) [1]Der Aufgabenkreis des Betreuers ist zu erweitern, wenn dies erforderlich wird. [2]Die Vorschriften über die Bestellung des Betreuers gelten hierfür entsprechend.

(4) Für den Einwilligungsvorbehalt gelten die Absätze 1 und 3 entsprechend.

§ 1908e *(aufgehoben)*

§ 1908f Anerkennung als Betreuungsverein

(1) Ein rechtsfähiger Verein kann als Betreuungsverein anerkannt werden, wenn er gewährleistet, dass er

1. eine ausreichende Zahl geeigneter Mitarbeiter hat und diese beaufsichtigen, weiterbilden und gegen Schäden, die diese anderen im Rahmen ihrer Tätigkeit zufügen können, angemessen versichern wird,
2. sich planmäßig um die Gewinnung ehrenamtlicher Betreuer bemüht, diese in ihre Aufgaben einführt, sie fortbildet und sie sowie Bevollmächtigte bei der Wahrnehmung ihrer Aufgaben berät und unterstützt,

2a. planmäßig über Vorsorgevollmachten und Betreuungsverfügungen informiert,

3. einen Erfahrungsaustausch zwischen den Mitarbeitern ermöglicht.

(2) [1]Die Anerkennung gilt für das jeweilige Land; sie kann auf einzelne Landesteile beschränkt werden. [2]Sie ist widerruflich und kann unter Auflagen erteilt werden.

BGB Stand 20.5.2021:	***BGB ab 1.1.2023:***

(3) [1]Das Nähere regelt das Landesrecht. [2]Es kann auch weitere Voraussetzungen für die Anerkennung vorsehen.

(4) Die anerkannten Betreuungsvereine können im Einzelfall Personen bei der Errichtung einer Vorsorgevollmacht beraten.

§ 1908g Behördenbetreuer

(1) Gegen einen Behördenbetreuer wird kein Zwangsgeld nach § 1837 Abs. 3 Satz 1 festgesetzt.

(2) Der Behördenbetreuer kann Geld des Betreuten gemäß § 1807 auch bei der Körperschaft anlegen, bei der er tätig ist.

§ 1908h *(aufgehoben)*

§ 1908i Entsprechend anwendbare Vorschriften

(1) [1]Im Übrigen sind auf die Betreuung § 1632 Abs. 1 bis 3, §§ 1784, 1787 Abs. 1, § 1791a Abs. 3 Satz 1 zweiter Halbsatz und Satz 2, §§ 1792, 1795 bis 1797 Abs. 1 Satz 2, §§ 1798, 1799, 1802, 1803, 1805 bis 1821, 1822 Nr. 1 bis 4, 6 bis 13, §§ 1823 bis 1826, 1828 bis 1836, 1836c bis 1836e, 1837 Abs. 1 bis 3, §§ 1839 bis 1843, 1846, 1857a, 1888, 1890 bis 1895 sinngemäß anzuwenden. [2]Durch Landesrecht kann bestimmt werden, dass Vorschriften, welche die Aufsicht des Betreuungsgerichts in vermögensrechtlicher Hinsicht sowie beim Abschluss von Lehr- und Arbeitsverträgen betreffen, gegenüber der zuständigen Behörde außer Anwendung bleiben.

(vgl. § 1833 BGB kF)

(vgl. § 1834 BGB kF)

(vgl. § 1859 BGB kF)

(vgl. § 1874 BGB kF)

(2) [1]§ 1804 ist sinngemäß anzuwenden, jedoch kann der Betreuer in Vertretung des Betreuten Gelegenheitsgeschenke auch dann machen, wenn dies dem Wunsch des Betreuten entspricht und nach seinen Lebensverhältnissen üblich ist. [2]§ 1857a ist auf die Betreuung durch den Vater, die Mutter, den Ehegatten, den Lebenspartner oder einen Abkömmling des Betreuten sowie auf den Vereinsbetreuer und den Behördenbetreuer sinngemäß anzuwenden, soweit das Betreuungsgericht nichts anderes anordnet.

§ 1908k *(aufgehoben)*

Titel 3. Pflegschaft

§ 1909 Ergänzungspflegschaft

(1) [1]Wer unter elterlicher Sorge oder unter Vormundschaft steht, erhält für Angelegenheiten, an deren Besorgung die Eltern oder der Vormund verhindert sind, einen Pfleger. [2]Er erhält insbesondere einen Pfleger zur Verwaltung des Vermögens, das er von Todes wegen erwirbt oder das ihm unter Lebenden unentgeltlich zugewendet wird, wenn der Erblasser durch letztwillige Verfügung, der Zuwendende bei der Zuwendung bestimmt hat, dass die Eltern oder der Vormund das Vermögen nicht verwalten sollen.

(vgl. § 1809 BGB kF)

(vgl. § 1811 BGB kF)

BGB Stand 20.5.2021: | ***BGB ab 1.1.2023:***

(2) Wird eine Pflegschaft erforderlich, so haben die Eltern oder der Vormund dies dem Familiengericht unverzüglich anzuzeigen.

(3) Die Pflegschaft ist auch dann anzuordnen, wenn die Voraussetzungen für die Anordnung einer Vormundschaft vorliegen, ein Vormund aber noch nicht bestellt ist.

§ 1910 (weggefallen)

§ 1911 Abwesenheitspflegschaft

(vgl. § 1884 BGB kF)

(1) [1] Ein abwesender Volljähriger, dessen Aufenthalt unbekannt ist, erhält für seine Vermögensangelegenheiten, soweit sie der Fürsorge bedürfen, einen Abwesenheitspfleger. [2] Ein solcher Pfleger ist ihm insbesondere auch dann zu bestellen, wenn er durch Erteilung eines Auftrags oder einer Vollmacht Fürsorge getroffen hat, aber Umstände eingetreten sind, die zum Widerruf des Auftrags oder der Vollmacht Anlass geben.

(2) Das Gleiche gilt von einem Abwesenden, dessen Aufenthalt bekannt, der aber an der Rückkehr und der Besorgung seiner Vermögensangelegenheiten verhindert ist.

§ 1912 Pflegschaft für eine Leibesfrucht

(vgl. § 1810 BGB kF)

(1) Eine Leibesfrucht erhält zur Wahrung ihrer künftigen Rechte, soweit diese einer Fürsorge bedürfen, einen Pfleger.

(2) Die Fürsorge steht jedoch den Eltern insoweit zu, als ihnen die elterliche Sorge zustünde, wenn das Kind bereits geboren wäre.

§ 1913 Pflegschaft für unbekannte Beteiligte

(vgl. § 1882 BGB kF)

[1] Ist unbekannt oder ungewiss, wer bei einer Angelegenheit der Beteiligte ist, so kann dem Beteiligten für diese Angelegenheit, soweit eine Fürsorge erforderlich ist, ein Pfleger bestellt werden. [2] Insbesondere kann einem Nacherben, der noch nicht gezeugt ist oder dessen Persönlichkeit erst durch ein künftiges Ereignis bestimmt wird, für die Zeit bis zum Eintritt der Nacherbfolge ein Pfleger bestellt werden.

§ 1914 Pflegschaft für gesammeltes Vermögen

(vgl. § 1883 BGB kF)

Ist durch öffentliche Sammlung Vermögen für einen vorübergehenden Zweck zusammengebracht worden, so kann zum Zwecke der Verwaltung und Verwendung des Vermögens ein Pfleger bestellt werden, wenn die zu der Verwaltung und Verwendung berufenen Personen weggefallen sind.

§ 1915 Anwendung des Vormundschaftsrechts

(1) [1] Auf die Pflegschaft finden die für die Vormundschaft geltenden Vorschriften entsprechende Anwendung, soweit sich nicht aus dem Gesetz ein anderes ergibt. [2] Abweichend von § 3 Abs. 1 bis 3 des Vormünder- und Betreuervergütungsgesetzes bestimmt sich die Höhe einer nach § 1836 Abs. 1

BGB Stand 20.5.2021:	***BGB ab 1.1.2023:***
zu bewilligenden Vergütung nach den für die Führung der Pflegschaftsgeschäfte nutzbaren Fachkenntnissen des Pflegers sowie nach dem Umfang und der Schwierigkeit der Pflegschaftsgeschäfte, sofern der Pflegling nicht mittellos ist. [3] An die Stelle des Familiengerichts tritt das Betreuungsgericht; dies gilt nicht bei der Pflegschaft für Minderjährige oder für eine Leibesfrucht.	
(2) Die Bestellung eines Gegenvormunds ist nicht erforderlich.	
(3) § 1793 Abs. 2 findet auf die Pflegschaft für Volljährige keine Anwendung.	
§ 1916 Berufung als Ergänzungspfleger	*(vgl. § 1813 BGB kF)*
Für die nach § 1909 anzuordnende Pflegschaft gelten die Vorschriften über die Berufung zur Vormundschaft nicht.	
§ 1917 Ernennung des Ergänzungspflegers durch Erblasser und Dritte	*(vgl. § 1811 BGB kF)*
(1) Wird die Anordnung einer Pflegschaft nach § 1909 Abs. 1 Satz 2 erforderlich, so ist als Pfleger berufen, wer durch letztwillige Verfügung oder bei der Zuwendung benannt worden ist; die Vorschrift des § 1778 ist entsprechend anzuwenden.	
(2) [1] Für den benannten Pfleger können durch letztwillige Verfügung oder bei der Zuwendung die in den §§ 1852 bis 1854 bezeichneten Befreiungen angeordnet werden. [2] Das Familiengericht kann die Anordnungen außer Kraft setzen, wenn sie das Interesse des Pfleglings gefährden.	
(3) [1] Zu einer Abweichung von den Anordnungen des Zuwendenden ist, solange er lebt, seine Zustimmung erforderlich und genügend. [2] Ist er zur Abgabe einer Erklärung dauernd außerstande oder ist sein Aufenthalt dauernd unbekannt, so kann das Familiengericht die Zustimmung ersetzen.	
§ 1918 Ende der Pflegschaft kraft Gesetzes	
(1) Die Pflegschaft für eine unter elterlicher Sorge oder unter Vormundschaft stehende Person endigt mit der Beendigung der elterlichen Sorge oder der Vormundschaft.	*(vgl. § 1812 BGB kF)*
(2) Die Pflegschaft für eine Leibesfrucht endigt mit der Geburt des Kindes.	*(vgl. § 1810 BGB kF)*
(3) Die Pflegschaft zur Besorgung einer einzelnen Angelegenheit endigt mit deren Erledigung.	*(vgl. § 1812 BGB kF)* *(vgl. § 1886 BGB kF)*
§ 1919 Aufhebung der Pflegschaft bei Wegfall des Grundes	*(vgl. § 1812 BGB kF)*
Die Pflegschaft ist aufzuheben, wenn der Grund für die Anordnung der Pflegschaft weggefallen ist.	*(vgl. § 1886 BGB kF)*
§ 1920 (weggefallen)	
§ 1921 Aufhebung der Abwesenheitspflegschaft	
(1) Die Pflegschaft für einen Abwesenden ist aufzuheben, wenn der Abwesende an der Besor-	*(vgl. § 1886 BGB kF)*

BGB Stand 20.5.2021:

gung seiner Vermögensangelegenheiten nicht mehr verhindert ist.

(2) [1] Stirbt der Abwesende, so endigt die Pflegschaft erst mit der Aufhebung durch das Betreuungsgericht. [2] Das Betreuungsgericht hat die Pflegschaft aufzuheben, wenn ihm der Tod des Abwesenden bekannt wird.

(3) Wird der Abwesende für tot erklärt oder wird seine Todeszeit nach den Vorschriften des Verschollenheitsgesetzes festgestellt, so endigt die Pflegschaft mit der Rechtskraft des Beschlusses über die Todeserklärung oder die Feststellung der Todeszeit.

BGB ab 1.1.2023:

(vgl. § 1887 BGB kF)

Buch 5. Erbrecht

Abschnitt 2. Rechtliche Stellung des Erben

Titel 2. Haftung des Erben für die Nachlassverbindlichkeiten

Untertitel 3. Beschränkung der Haftung des Erben

BGB Stand 20.5.2021:

§ 1981 Anordnung der Nachlassverwaltung. (1) Die Nachlassverwaltung ist von dem Nachlassgericht anzuordnen, wenn der Erbe die Anordnung beantragt.

(2) [1] Auf Antrag eines Nachlassgläubigers ist die Nachlassverwaltung anzuordnen, wenn Grund zu der Annahme besteht, dass die Befriedigung der Nachlassgläubiger aus dem Nachlass durch das Verhalten oder die Vermögenslage des Erben gefährdet wird. [2] Der Antrag kann nicht mehr gestellt werden, wenn seit der Annahme der Erbschaft zwei Jahre verstrichen sind.

(3) Die Vorschrift des § 1785 findet keine Anwendung.

BGB ab 1.1.2023:

§ 1981 Anordnung der Nachlassverwaltung. (1) Die Nachlassverwaltung ist von dem Nachlassgericht anzuordnen, wenn der Erbe die Anordnung beantragt.

(2) [1] Auf Antrag eines Nachlassgläubigers ist die Nachlassverwaltung anzuordnen, wenn Grund zu der Annahme besteht, dass die Befriedigung der Nachlassgläubiger aus dem Nachlass durch das Verhalten oder die Vermögenslage des Erben gefährdet wird. [2] Der Antrag kann nicht mehr gestellt werden, wenn seit der Annahme der Erbschaft zwei Jahre verstrichen sind.

(3) *(entfällt)*

Abschnitt 3. Testament

Titel 3. Einsetzung eines Nacherben

BGB Stand 20.5.2021:

§ 2119 Anlegung von Geld

Geld, das nach den Regeln einer ordnungsmäßigen Wirtschaft dauernd anzulegen ist, darf der Vorerbe nur nach den für die Anlegung von Mündelgeld geltenden Vorschriften anlegen.

BGB ab 1.1.2023:

§ 2119 Anlegung von Geld

Geld, das nach den Regeln einer ordnungsmäßigen Wirtschaft dauernd anzulegen ist, darf der Vorerbe nur **der Rechtsverordnung nach § 240a entsprechend** anlegen.

Abschnitt 4. Erbvertrag

BGB Stand 20.5.2021:

§ 2282 Vertretung, Form der Anfechtung

(1) Die Anfechtung kann nicht durch einen Vertreter des Erblassers erfolgen.

(2) Für einen geschäftsunfähigen Erblasser kann sein Betreuer den Erbvertrag anfechten**; die Genehmigung des Betreuungsgerichts ist erforderlich**.

(3) Die Anfechtungserklärung bedarf der notariellen Beurkundung.

BGB ab 1.1.2023:

§ 2282 Vertretung, Form der Anfechtung

(1) Die Anfechtung kann nicht durch einen Vertreter des Erblassers erfolgen.

(2) Für einen geschäftsunfähigen Erblasser kann sein Betreuer den Erbvertrag anfechten.

(3) Die Anfechtungserklärung bedarf der notariellen Beurkundung.

BGB Stand 20.5.2021:

§ 2290 Aufhebung durch Vertrag

(1) [1] Ein Erbvertrag sowie eine einzelne vertragsmäßige Verfügung kann durch Vertrag von den Personen aufgehoben werden, die den Erbvertrag geschlossen haben. [2] Nach dem Tode einer dieser

BGB ab 1.1.2023:

§ 2290 Aufhebung durch Vertrag

(1) [1] Ein Erbvertrag sowie eine einzelne vertragsmäßige Verfügung kann durch Vertrag von den Personen aufgehoben werden, die den Erbvertrag geschlossen haben. [2] Nach dem Tode einer dieser

BGB Stand 20.5.2021:	***BGB ab 1.1.2023:***
Personen kann die Aufhebung nicht mehr erfolgen.	Personen kann die Aufhebung nicht mehr erfolgen.
(2) Der Erblasser kann den Vertrag nur persönlich schließen.	(2) Der Erblasser kann den Vertrag nur persönlich schließen.
(3) Ist für den anderen Teil ein Betreuer bestellt und wird die Aufhebung vom Aufgabenkreis des Betreuers erfasst, ist die Genehmigung des Betreuungsgerichts erforderlich.	
(4) Der Vertrag bedarf der in § 2276 für den Erbvertrag vorgeschriebenen Form.	**(3)** Der Vertrag bedarf der in § 2276 für den Erbvertrag vorgeschriebenen Form.
§ 2291 Aufhebung durch Testament	**§ 2291 Aufhebung durch Testament**
(1) [1] Eine vertragsmäßige Verfügung, durch die ein Vermächtnis oder eine Auflage angeordnet sowie eine Rechtswahl getroffen ist, kann von dem Erblasser durch Testament aufgehoben werden. [2] Zur Wirksamkeit der Aufhebung ist die Zustimmung des anderen Vertragschließenden erforderlich**; die Vorschrift des § 2290 Abs. 3 findet Anwendung**.	(1) [1] Eine vertragsmäßige Verfügung, durch die ein Vermächtnis oder eine Auflage angeordnet sowie eine Rechtswahl getroffen ist, kann von dem Erblasser durch Testament aufgehoben werden. [2] Zur Wirksamkeit der Aufhebung ist die Zustimmung des anderen Vertragschließenden erforderlich.
(2) Die Zustimmungserklärung bedarf der notariellen Beurkundung; die Zustimmung ist unwiderruflich.	(2) Die Zustimmungserklärung bedarf der notariellen Beurkundung; die Zustimmung ist unwiderruflich.
§ 2292 Aufhebung durch gemeinschaftliches Testament	**§ 2292 Aufhebung durch gemeinschaftliches Testament**
Ein zwischen Ehegatten oder Lebenspartnern geschlossener Erbvertrag kann auch durch ein gemeinschaftliches Testament der Ehegatten oder Lebenspartner aufgehoben werden**; die Vorschrift des § 2290 Abs. 3 findet Anwendung**.	Ein zwischen Ehegatten oder Lebenspartnern geschlossener Erbvertrag kann auch durch ein gemeinschaftliches Testament der Ehegatten oder Lebenspartner aufgehoben werden.
§ 2300 Anwendung der §§ 2259 und 2263; Rücknahme aus der amtlichen oder notariellen Verwahrung	**§ 2300 Anwendung der §§ 2259 und 2263; Rücknahme aus der amtlichen oder notariellen Verwahrung**
(1) Die §§ 2259 und 2263 sind auf den Erbvertrag entsprechend anzuwenden.	(1) Die §§ 2259 und 2263 sind auf den Erbvertrag entsprechend anzuwenden.
(2) [1] Ein Erbvertrag, der nur Verfügungen von Todes wegen enthält, kann aus der amtlichen oder notariellen Verwahrung zurückgenommen und den Vertragsschließenden zurückgegeben werden. [2] Die Rückgabe kann nur an alle Vertragsschließenden gemeinschaftlich erfolgen; die Vorschrift des § 2290 Abs. 1 Satz 2, Abs. 2 und 3 findet Anwendung. [3] Wird ein Erbvertrag nach den Sätzen 1 und 2 zurückgenommen, gilt § 2256 Abs. 1 entsprechend.	(2) [1] Ein Erbvertrag, der nur Verfügungen von Todes wegen enthält, kann aus der amtlichen oder notariellen Verwahrung zurückgenommen und den Vertragsschließenden zurückgegeben werden. [2] Die Rückgabe kann nur an alle Vertragsschließenden gemeinschaftlich erfolgen; **§ 2290 Absatz 1 Satz 2 und Absatz 2 gilt entsprechend**. [3] Wird ein Erbvertrag nach den Sätzen 1 und 2 zurückgenommen, gilt § 2256 Abs. 1 entsprechend.

Abschnitt 7. Erbverzicht

§ 2347 Persönliche Anforderungen, Vertretung	**§ 2347 Persönliche Anforderungen, Vertretung**
(1) [1] Zu dem Erbverzicht ist, wenn der Verzichtende unter Vormundschaft steht, die Genehmigung des Familiengerichts erforderlich; steht er unter elterlicher Sorge, so gilt das Gleiche. [2] Für den Verzicht durch den Betreuer ist die Genehmigung des Betreuungsgerichts erforderlich.	
(2) [1] Der Erblasser kann den Vertrag nur persönlich schließen; ist er in der Geschäftsfähigkeit beschränkt, so bedarf er nicht der Zustimmung seines	[1] Der Erblasser kann den Vertrag **nach § 2346** nur persönlich schließen; ist er in der Geschäftsfähigkeit beschränkt, so bedarf er nicht der Zu-

BGB Stand 20.5.2021:	*BGB ab 1.1.2023:*
gesetzlichen Vertreters. [2]Ist der Erblasser geschäftsunfähig, so kann der Vertrag durch den gesetzlichen Vertreter geschlossen werden**; die Genehmigung des Familiengerichts oder Betreuungsgerichts ist in gleichem Umfang wie nach Absatz 1 erforderlich**.	stimmung seines gesetzlichen Vertreters. [2]Ist der Erblasser geschäftsunfähig, so kann der Vertrag durch den gesetzlichen Vertreter geschlossen werden.
§ 2348 Form	**§ 2348 Form**
Der Erbverzichtsvertrag bedarf der notariellen Beurkundung.	Der **Vertrag nach § 2346** bedarf der notariellen Beurkundung.
§ 2351 Aufhebung des Erbverzichts	**§ 2351 Aufhebung des Erbverzichts**
Auf einen Vertrag, durch den ein Erbverzicht aufgehoben wird, findet die Vorschrift des § 2348 und in Ansehung des Erblassers auch die Vorschrift des § 2347 Abs. 2 Satz 1 erster Halbsatz, Satz 2 Anwendung.	Auf einen Vertrag, durch den ein Erbverzicht aufgehoben wird, findet die Vorschrift des § 2348 und in Ansehung des Erblassers auch die Vorschrift des **§ 2347 Satz 1** erster Halbsatz, Satz 2 Anwendung.

2. Einführungsgesetz zum Bürgerlichen Gesetzbuche

in der Fassung der Bekanntmachung vom 21. September 1994
(BGBl. I S. 2494; 1997 I S. 1061)

zuletzt geänd. durch Art. 10 G zur weiteren Verkürzung des Restschuldbefreiungsverfahrens und zur Anpassung pandemiebedingter Vorschriften im Gesellschafts-, Genossenschafts-, Vereins- und Stiftungsrecht sowie im Miet- und Pachtrecht vom 22.12.2020 (BGBl. I S. 3328)

zuletzt geänd. durch Art. 2 G zur Reform des Vormundschafts- und Betreuungsrechts vom 4.5.2021 (BGBl. I S. 882)

EGBGB Stand 20.5.2021: | **EGBGB ab 1.1.2023:**

Erster Teil. Allgemeine Vorschriften

Zweites Kapitel. Internationales Privatrecht

Zweiter Abschnitt. Recht der natürlichen Personen und der Rechtsgeschäfte

EGBGB Stand 20.5.2021:

Art. 7 Rechtsfähigkeit und Geschäftsfähigkeit

(1) [1]Die Rechtsfähigkeit und die Geschäftsfähigkeit einer Person unterliegen dem Recht des Staates, dem die Person angehört. [2]Dies gilt auch, soweit die Geschäftsfähigkeit durch Eheschließung erweitert wird.

(2) Eine einmal erlangte Rechtsfähigkeit oder Geschäftsfähigkeit wird durch Erwerb oder Verlust der Rechtsstellung als Deutscher nicht beeinträchtigt.

EGBGB ab 1.1.2023:

Art. 7 Rechts- und Geschäftsfähigkeit

(1) [1]Die Rechtsfähigkeit einer Person unterliegt dem Recht des Staates, dem die Person angehört. [2]Die einmal erlangte Rechtsfähigkeit wird durch Erwerb oder Verlust einer Staatsangehörigkeit nicht beeinträchtigt.

(2) [1]Die Geschäftsfähigkeit einer Person unterliegt dem Recht des Staates, in dem die Person ihren gewöhnlichen Aufenthalt hat. [2]Dies gilt auch, soweit die Geschäftsfähigkeit durch Eheschließung erweitert wird. [3]Die einmal erlangte Geschäftsfähigkeit wird durch einen Wechsel des gewöhnlichen Aufenthalts nicht beeinträchtigt.

Dritter Abschnitt. Familienrecht

EGBGB Stand 20.5.2021:

Art. 15 *(aufgehoben)*

EGBGB ab 1.1.2023:

Art. 15 Gegenseitige Vertretung von Ehegatten

In Angelegenheiten der Gesundheitssorge, die im Inland wahrgenommen werden, ist § 1358 des Bürgerlichen Gesetzbuchs auch dann anzuwenden, wenn nach anderen Vorschriften insoweit ausländisches Recht anwendbar wäre.

EGBGB Stand 20.5.2021:

Art. 17b Eingetragene Lebenspartnerschaft und gleichgeschlechtliche Ehe

(1) [1]Die Begründung, die Auflösung und die nicht in den Anwendungsbereich der Verordnung (EU) 2016/1104 fallenden allgemeinen Wirkungen einer eingetragenen Lebenspartnerschaft unterliegen den Sachvorschriften des Register führenden Staates. [2]Der Versorgungsausgleich unterliegt dem nach Satz 1 anzuwendenden Recht; er ist nur durchzuführen, wenn danach deutsches Recht anzuwenden ist und das Recht eines der Staaten, denen die Lebenspartner im Zeitpunkt der Rechtshängigkeit des Antrags auf Aufhebung der Lebenspartnerschaft angehören, einen Versorgungsausgleich zwischen Lebenspartnern kennt. [3]Im Übrigen ist der Versorgungsausgleich auf Antrag eines Lebenspartners nach deutschem Recht durchzuführen, wenn einer der Lebenspartner während der Zeit der Lebenspartnerschaft ein Anrecht bei einem inländischen Versorgungsträger er-

EGBGB ab 1.1.2023:

Art. 17b Eingetragene Lebenspartnerschaft und gleichgeschlechtliche Ehe

(1) [1]Die Begründung, die Auflösung und die nicht in den Anwendungsbereich der Verordnung (EU) 2016/1104 fallenden allgemeinen Wirkungen einer eingetragenen Lebenspartnerschaft unterliegen den Sachvorschriften des Register führenden Staates. [2]Der Versorgungsausgleich unterliegt dem nach Satz 1 anzuwendenden Recht; er ist nur durchzuführen, wenn danach deutsches Recht anzuwenden ist und das Recht eines der Staaten, denen die Lebenspartner im Zeitpunkt der Rechtshängigkeit des Antrags auf Aufhebung der Lebenspartnerschaft angehören, einen Versorgungsausgleich zwischen Lebenspartnern kennt. [3]Im Übrigen ist der Versorgungsausgleich auf Antrag eines Lebenspartners nach deutschem Recht durchzuführen, wenn einer der Lebenspartner während der Zeit der Lebenspartnerschaft ein Anrecht bei einem inländischen Versorgungsträger er-

EGBGB Stand 20.5.2021:

worben hat, soweit die Durchführung des Versorgungsausgleichs insbesondere im Hinblick auf die beiderseitigen wirtschaftlichen Verhältnisse während der gesamten Zeit der Lebenspartnerschaft der Billigkeit nicht widerspricht.

(2) Artikel 10 Abs. 2 und Artikel 17a gelten entsprechend.

(3) Bestehen zwischen denselben Personen eingetragene Lebenspartnerschaften in verschiedenen Staaten, so ist die zuletzt begründete Lebenspartnerschaft vom Zeitpunkt ihrer Begründung an für die in Absatz 1 umschriebenen Wirkungen und Folgen maßgebend.

(4) [1] Gehören die Ehegatten demselben Geschlecht an oder gehört zumindest ein Ehegatte weder dem weiblichen noch dem männlichen Geschlecht an, so gelten die Absätze 1 bis 3 mit der Maßgabe entsprechend, dass sich das auf die Ehescheidung und auf die Trennung ohne Auflösung des Ehebandes anzuwendende Recht nach der Verordnung (EU) Nr. 1259/2010 richtet. [2] Die güterrechtlichen Wirkungen unterliegen dem nach der Verordnung (EU) 2016/1103 anzuwendenden Recht.

(5) [1] Für die in Absatz 4 genannten Ehen gelten Artikel 13 Absatz 3, Artikel 17 Absatz 1 bis 3, Artikel 19 Absatz 1 Satz 3, Artikel 22 Absatz 3 Satz 1 sowie Artikel 46e entsprechend. [2] Die Ehegatten können für die allgemeinen Ehewirkungen eine Rechtswahl gemäß Artikel 14 treffen.

Artikel 24 Vormundschaft, Betreuung und Pflegschaft

(1) [1] Die Entstehung, die Änderung und das Ende der Vormundschaft, Betreuung und Pflegschaft sowie der Inhalt der gesetzlichen Vormundschaft und Pflegschaft unterliegen dem Recht des Staates, dem der Mündel, Betreute oder Pflegling angehört. [2] Für einen Angehörigen eines fremden Staates, der seinen gewöhnlichen Aufenthalt oder, mangels eines solchen, seinen Aufenthalt im Inland hat, kann ein Betreuer nach deutschem Recht bestellt werden.

(2) Ist eine Pflegschaft erforderlich, weil nicht feststeht, wer an einer Angelegenheit beteiligt ist, oder weil ein Beteiligter sich in einem anderen Staat befindet, so ist das Recht anzuwenden, das für die Angelegenheit maßgebend ist.

(3) Vorläufige Maßregeln sowie der Inhalt der Betreuung und der angeordneten Vormundschaft und Pflegschaft unterliegen dem Recht des anordnenden Staates.

EGBGB ab 1.1.2023:

worben hat, soweit die Durchführung des Versorgungsausgleichs insbesondere im Hinblick auf die beiderseitigen wirtschaftlichen Verhältnisse während der gesamten Zeit der Lebenspartnerschaft der Billigkeit nicht widerspricht.

(2) Artikel 10 **Absatz 2 sowie die Artikel 15 und** 17a gelten entsprechend.

(3) Bestehen zwischen denselben Personen eingetragene Lebenspartnerschaften in verschiedenen Staaten, so ist die zuletzt begründete Lebenspartnerschaft vom Zeitpunkt ihrer Begründung an für die in Absatz 1 umschriebenen Wirkungen und Folgen maßgebend.

(4) [1] Gehören die Ehegatten demselben Geschlecht an oder gehört zumindest ein Ehegatte weder dem weiblichen noch dem männlichen Geschlecht an, so gelten die Absätze 1 bis 3 mit der Maßgabe entsprechend, dass sich das auf die Ehescheidung und auf die Trennung ohne Auflösung des Ehebandes anzuwendende Recht nach der Verordnung (EU) Nr. 1259/2010 richtet. [2] Die güterrechtlichen Wirkungen unterliegen dem nach der Verordnung (EU) 2016/1103 anzuwendenden Recht.

(5) [1] Für die in Absatz 4 genannten Ehen gelten Artikel 13 Absatz 3, Artikel 17 Absatz 1 bis 3, Artikel 19 Absatz 1 Satz 3, Artikel 22 Absatz 3 Satz 1 sowie Artikel 46e entsprechend. [2] Die Ehegatten können für die allgemeinen Ehewirkungen eine Rechtswahl gemäß Artikel 14 treffen.

Artikel 24 Vormundschaft, Betreuung und Pflegschaft

(1) Die Entstehung, die Ausübung, die Änderung und das Ende eines Fürsorgeverhältnisses (Vormundschaft, Betreuung, Pflegschaft), das kraft Gesetzes oder durch Rechtsgeschäft begründet wird, unterliegen dem Recht des Staates, in dem der Fürsorgebedürftige seinen gewöhnlichen Aufenthalt hat.

(2) [1] Maßnahmen, die im Inland in Bezug auf ein Fürsorgeverhältnis angeordnet werden, und die Ausübung dieses Fürsorgeverhältnisses unterliegen deutschem Recht. [2] Besteht mit dem Recht eines anderen Staates eine wesentlich engere Verbindung als mit dem deutschen Recht, so kann jenes Recht angewendet werden.

(3) Die Ausübung eines Fürsorgeverhältnisses aufgrund einer anzuerkennenden ausländischen Entscheidung richtet sich im Inland nach deutschem Recht.

Dritter Teil. Verhältnis des Bürgerlichen Gesetzbuchs zu den Landesgesetzen

Artikel 144 [Beistandschaft für Vereine]

Die Landesgesetze können bestimmen, daß das Jugendamt die Beistandschaft mit Zustimmung des Elternteils auf einen rechtsfähigen Verein übertra-

Artikel 144 [Beistandschaft für Vereine]

Die Landesgesetze können bestimmen, daß das Jugendamt die Beistandschaft mit Zustimmung des Elternteils auf einen **nach § 54 des Achten Bu-**

EGBGB Stand 20.5.2021:	***EGBGB ab 1.1.2023:***
gen kann, dem dazu eine Erlaubnis nach § 54 des Achten Buches Sozialgesetzbuch erteilt worden ist.	**ches Sozialgesetzbuch anerkannten Vormundschaftsverein übertragen kann.**

Fünfter Teil. Übergangsvorschriften aus Anlaß jüngerer Änderungen des Bürgerlichen Gesetzbuchs und dieses Einführungsgesetzes

Artikel 229 Weitere Überleitungsvorschriften

§ 54 Übergangsvorschrift zum Gesetz zur Reform des Vormundschafts- und Betreuungsrechts

(1) Eine bei Ablauf des 31. Dezember 2022 bestehende Geschäftsfähigkeit besteht fort.

(2) Mit Inkrafttreten dieses Gesetzes am 1. Januar 2023 wird die Bestellung eines Gegenvormunds und eines Gegenbetreuers wirkungslos.

(3) Ist am 1. Januar 2023 ein Betreuer zur Besorgung aller Angelegenheiten bestellt, ist der Aufgabenkreis bis zum 1. Januar 2024 nach Maßgabe des § 1815 Absatz 1 des Bürgerlichen Gesetzbuchs zu ändern.

(4) [1] Auf Betreuungen, die am 1. Januar 2023 bestehen, findet § 1815 Absatz 2 Nummer 1 bis 4 des Bürgerlichen Gesetzbuchs bis zum 1. Januar 2028 keine Anwendung. [2] Bei der nächsten Entscheidung über die Aufhebung oder Verlängerung der Betreuung oder im Rahmen eines gerichtlichen Genehmigungsverfahrens nach § 1831 Absatz 2 des Bürgerlichen Gesetzbuchs hat das Betreuungsgericht über den Aufgabenkreis nach Maßgabe des § 1815 Absatz 2 des Bürgerlichen Gesetzbuchs zu entscheiden.

(5) Betreuer, die erstmals durch § 1859 Absatz 2 des Bürgerlichen Gesetzbuchs befreit sind, haben bis zum Ablauf des am 1. Januar 2023 noch laufenden Betreuungsjahres Rechnung zu legen.

(6) Auf vor dem 1. Januar 2023 abgeschlossene Vorgänge bleibt das bisherige Internationale Privatrecht anwendbar.